_____ 님께 이 책을 드립니다.

내 인생을 더욱 안녕하게 해줄
단 한 권의 시니어 정서 북

My Narrative

N 넥스웍

▌들어가는 글

저자들은 상담학을 공부하며, 실버세대에 대한 접근은 심리 정서적 지원을 통해 진정한 의미의 자기성장, 즉 자신의 삶에 대한 힘을 얻는 것(empowerment)이 되어야 한다는 데 의견을 모았다.

1950년대부터 노화에 관한 연구가 활발히 진행되어 노년학이 발전함으로써 노년학의 하위 분야로 노인교육학 혹은 노년교육학(educational gerontology)이라는 새로운 분야가 생성되었다. 노년교육학은 진단 위주의 노년사회학이나 노인심리학 혹은 치유 위주의 노인복지학과는 달리 진단을 기초로 하여 치유와 동시에 예방을 추구하는 학문분야다. 노년교육학이 강조되어야 하는 이유는 '노화에 적절한 대응과 준비'에 있다고 볼 수 있다.

이미 사회복지적인 관점으로 노인복지관이나 노인데이케어를 통한 실버세대에 대한 접근은 많이 개발되고 성장해왔다. 그러나 경제적으로 안정되고 교육 및 사회적 지위도 높아진 지금의 노인들은 그 이상의 욕구를 지니고 있다. 특히 베이비붐 세대의 노화로 인하여 경제력을 갖추고 신체적으로도 건강하며, 높은 학력과 사회적 적응 능력을 지닌 이들이 빠르게 노년층으로 편입되고 있다. 이들 새로운 노년층은 건강이나 안전, 안락한 삶 등과 같은 기본적인 욕구에서 한 걸음 더 나아가 자기를 계발하고 자아를 실현하려는 더 고차원적이고도 다양한 욕구를 가지게 될 것으로 예측된다. 앞으로 노년층의 사회·경제적 수준이 향상될수록 노년교육에 대한 욕구는 더욱 커질 것이며, 노년층의 새로운 욕구에 대응하기 위해서는 노년교육이 더욱 중요해질 수밖에 없을 것이다.

이 책은 에릭슨의 전 생애 발달의 관점을 기반으로 하여 한 인간의 전 생애를 심리 정서적으로 통합화할 수 있도록 기획되었다. 그러한 통합화를 통해 자신의 지난 삶에 대한 통찰을 얻고 지금, 여기의 삶과 잘 통합시킴으로써 의미 있는 자기 성장을 이룰 수 있을 것임을 확신한다. 인간의 발달이 평생에 걸쳐 이루어진다고 하는 에릭슨의 전 생애 발달(life-span development) 관점의 등장은 노인을 무한한 잠재력과 능력을 지닌 존재이자 여전히 발달 과정 중에 있는 대상으로 보는 시각의 전환을 가능케 한다. 에릭슨의 전 생애 발달 관점은 노인을 노화에 따른 신체적 · 사회적 장애를 극복하고 생존해 나가야 하는 존재로 보는 것에서 나아가 사회를 위해 공헌하고 봉사할 수 있는 잠재력을 지닌 귀중한 자원으로 보게 만들었고 노인이 지닌 신체적 한계보다는 그들이 계발해야 할 능력에 초점을 맞추게 하였다.(Sherron & Lumsden, 1990)

　65세부터를 노년기라고 볼 때 그 이후부터 90세, 100세의 수명이라면 30여 년을 노년기로 보내게 된다. 따라서 이 시기 동안 무엇을 하며 어떻게 보낼 것인가는 노년기 삶의 질을 결정하는 중요한 문제다. 이런 의미에서 노년을 제2, 제3의 인생을 살기 위한 통찰과 통합의 시기로 바라봐야 하며 심리 정서적인 지원을 통한 자기통찰은 지난 시간의 정리와 남은 시간에 큰 의미를 줄 수 있다.
　이 책은 개인이 순서에 따라 이 책을 한 장씩 채워갈 때 자신의 지나온 삶을 회고하는 동시에 각 삶의 단계에서 완성하지 못했던 미해결 과제를 완성하고 애도하며 재해석하는 프로세스가 가능할 것이다. 이러한 단계별 기록을 통해 개인의 삶을 돌아보며 웰다잉을 위한 준비까지 스스로 해나갈 수 있는 통찰을 제공하여 결국에는 남은 삶을 새롭게 인식하고 정리하는 단계로 나아갈 수 있는 전인적인 통합이 일어나, 융이 삶의 최고의 목적으로 언급했던 진정한 의미의 "개성화"가 가능하기를 기대한다.

　부디 이 작은 한 권의 책이 그러한 '기적'에 쓰임이 될 수 있기를 간절히 기도한다.

한국시니어정신건강연구소

길소연 · 김희애 · 송혜경 · 이혜영

오늘날 전 세계적으로 베이비붐 세대의 노령화 시기와 맞추어 노인인구가 폭발적으로 증가하는 가운데 의학의 발달로 인한 노년기가 길어지고 있다. 우리나라의 경우에도 젊은 세대의 저출산과 맞물려 압축적 고령화 현상으로 인한 노년기의 삶에 대한 비중이 커지고 긴 노후에 대한 고민이 늘어나고 있는 상황에 대해 모든 세대가 공감하고 고민하는 실정이다.

더구나 노인에 대해 신체적·경제적 안정에만 중점을 두고 있었기에 정서적 안정에 기반을 둔 접근의 필요성이 확대되고 있고, 길어진 노년기의 시간을 어떻게 보내야 할 것인가 하는 질적인 대안들이 시급하게 요청되는 시기이기도 하다.

Erikson(에릭슨)은 노년기란 '자아통합 대 절망감'의 시기로, 사회적, 신체적으로 쇠퇴와 죽음에 직면하게 되면서 자아통합과 절망감 사이에서 심리, 사회적으로 위기를 겪게 되는 시기라고 규명했다. 이때는 인생을 회고하면서 삶의 의미에 대해 되돌아보고 지난 과거를 이해하는 과정을 통해 "그때 ○○을 했어야 했는데'라는 후회를 넘어서 자신이 살아온 삶을 수용하는 것이 바람직한 미덕이다.'라고 했다(신명희 외 8인 공저, 2018).

이처럼 노년기는 인생의 황혼기에 이르러 자신의 지난 삶을 반추하며 절망에 빠지기도 하지만, 자신의 삶이 인간의 긴 역사의 일부분으로써 최선을 다했다는 통합성을 이루어가는 시기인 것이다. 이러한 삶의 통찰과 수용을 위한 대안으로써뿐만 아니라 변화하는 시니어층의 정서적 안정에 대한 필요가 증가함에 따라 자전적 글쓰기에 대한 관심이 높아지고 있다. 이에 자전적 글쓰기를 위한 자서전적 기억과 그것을 이야기하고 서술하는 서사적 의미에 대한 이해를 돕고자 한다.

자서전적 기억(autobiographical memory)

자서전적 기억의 사전적 정의는 '자신의 삶에 관한 개인적 기억으로, 개인의 역사적 사실에 대한 기억과 경험적 사건에 대한 기억으로 구성된다. 이는 자아를 중심으로 구성된 도식이며, 개인의 인생사라 할 수 있다.'라고 한다(실험심리학 용어사전).

다시 말해 자서전적 기억은 과거 경험에 대한 기억을 재구성하여 중요한 삶의 이야기로 통합시키는 인간만의 독특한 체계로써 자기에 대한 주관적 연속성에 의지하여 점진적으로, 그리고 특정한 사회 문화적 맥락 내에서 발달한다. 즉 과거의 경험을 토대로 현재와 미래의 생각을 이끌고, 시간에 따른 자기 개념의 연속선상에서 자신에 대한 정의가 이루어지며, 개인적 기억을 공유하는 이들 간의 유대를 발달시키고 유지하게 된다는 것이다.

이처럼 지나온 역사와 문화적 변화 속에서 개인이 경험한 특정한 사건들을 기억하며 자신의 존재와 정체성을 알아가게 되는 것이 자서전적 기억의 중요한 역할이라 할 수 있다. 또한 기억을 통해 자신의 경험을 회상하는 것은 노년기를 맞는 스스로에게 자기 정체성의 재정립에 바탕이 된다.

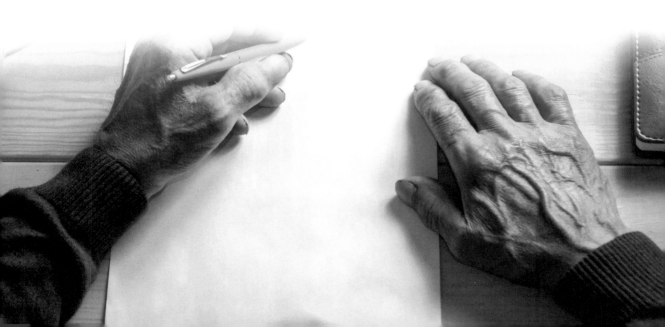

이야기(narrative)

　이야기 치료에서는 인간을 '이야기로 구성된 존재'라는 인식론적 정의를 한다.

　여기서 '이야기(narrative)란 인간이 처한 상황과 상호 관계하면서 경험된 것에 질서를 부여하고, 이야기하는 사람의 의도와 목적에 따라 언어라는 매개물로 줄거리를 구성하며, 이 경험을 통해 이야기하는 사람이 자신의 세계를 이해하는 과정'이라고 할 수 있다(김번영, 2020). 즉 이야기(narrative)에는 우선 경험한 것에 대한 시간적 배열들이 있고 그 사건을 구성하는 요소들의 관계적 측면들이 있으며, 이렇게 구성된 이야기를 통해 이야기하는 자신의 삶과 세계를 이해하고자 하는 것이다.

　어느 이야기라도 단일한 의미와 가치로만 구성되어 있지는 않다. 모든 사람의 이야기 속에는 문제만 있지도 않고 그렇다고 좋은 것만 있지도 않다. 모두의 이야기 속에는 '왕년에 내가 말이지~로 시작하는 라떼(나때)이야기', '실패했지만, 생각해보니 그리 나쁘진 않았어. 그래도 괜찮았어!' 하는 이야기, '최선을 다했지만 조금은 아쉬운 이야기', '잊고 있었는데 문득 떠오르는 이야기' 등 다양한 이야기들이 존재한다.

　문제도 아픔도 다 포함한 풍부한 이야기들을 통해 삶의 의미가 재해석되는 새로운 창조가 있게 된다.

　노년기의 자신에 대한 정체성의 확립과 자아통합감의 형성에는 각자 자신의 인생을 돌아보고 그것을 재해석하거나 의미를 부여하는 일, 해결되지 않은 정서적인 문제나 심리적인 상처를 치유하는 일, 그리고 은퇴 이후 길어진 노년기에 대한 정체성을 새롭게 창조하는 일이 포함되어야 할 것이다.

　이때 '이야기(narrative)'하는 과정은 이러한 과업을 자연스레 접근하고 수용할 수 있는 중요한 역할을 할 수 있을 것이다. 또한 이런 '이야기(narrative)'를 꺼내놓음으로 관점이 변화되는 인식의 전환, 더불어 지난 시간을 조망할 수 있는 여유와 의식의 확대는 성숙한 자아통합감의 기초가 되어 줄 것이다.

경험의 서사화

  서사화의 사전적 정의는 '이야기나 사건 따위를 시간의 흐름이나 공간의 이동, 행위의 변화 과정에 따라 재조직하여 서술함'이라고 한다.(국어사전)
서사는 문학적인 것이라고 생각되어 왔다. 그러나 점차 생활 서사로까지 그 영역을 넓힌 서사는 알 수 없는 인간 삶의 시작부터 인간과 같이 존재해 왔노라고 인정받으며 이제는 인간의 삶은 곧 서사라고까지 말하는 시대에 이르렀다.
  인간은 서사적 존재이고 서사 능력은 언어와 마찬가지로 인간의 특성이라고도 할 수 있다. 서사는 서로 다른 계층의 사람들을 이어주며, 문화적 배경이 전혀 다른 사람들끼리도 같은 즐거움을 공유하게 해준다. 삶은 경험의 연속이고 서사는 이러한 경험을 정리하는 언어적 처리 과정이며 그 결과이기도 하다(장유정, 2013).

  자전적 글쓰기와 같은 표현적 쓰기는 자신의 경험을 서사화하는 행위이다. 특히 자기 삶을 정리해보는 자전적 글쓰기는 이제까지 살아온 과거의 경험을 현재의 시간 속으로 편입시켜 성찰의 기회로 삼아 서사를 가장 능동적이고 적극적으로 활용하게 한다.

여기서 경험의 서사화를 위해서는 첫째, 거리두기의 원리가 적용된다. 거리를 둔다는 의미는 자신의 모습, 자신과 주변 사람들과의 관계, 자신이 겪었던 일들을 객관적으로 바라본다는 것이며 그만큼의 용기가 필요한 일이다. 둘째, 경험의 의미를 발견하는 것이다. 노년기에는 미래지향적인 삶보다는 개인적으로 의미 있는 과거 경험을 생각하거나 그 경험을 현실의 문제와 연관시키는 회상의 경험을 더 많이 하게 되는데, 이때 회상은 기억의 힘을 의미 있게 만들어 줄 수 있는 역할을 한다. 과거와 현재를 나란히 겹쳐 놓음으로써 시간에 의해서 분산된 여러 가지 상들을 모아 그때까지는 감추어졌던 혹은 잊었거나 잃어버렸던 삶의 진실을 드러내 보여준다. 즉, 삶이 하나의 텍스트로 이해되고 해석되어가는 것이다.

Erikson(에릭슨)은 자아통합감은 과거를 반성함으로써만 오는 것이 아니라 적극적인 사회참여와 창조적인 일과 같은 지속적인 자극과 도전으로부터도 오는 것이라고 했다. 자신을 객관화하여 바라본 자신의 삶의 경험들을 서사화하는 표현적 글쓰기를 통해, 자기를 이해하고 지나온 삶의 의미를 해석해나가는 과정이야말로 적극적 사회참여이며 창조적인 일을 향한 도전이라 할 수 있다.

다음은 표현적 글쓰기가 개인의 심리적 질환의 치유를 넘어 신체적 건강을 호전 시키는 것을 실험을 통해 입증한 Pennebaker(페니베이커)의 연구를 소개한다.

<Pennebaker(페니베이커) '표현적 글쓰기' 효과에 관한 연구>

1980년대 중반 심리학 교수였던 Pennebaker(페니베이커)는 50여 명의학생을 대상으로 글쓰기가 감정과 면역체계에 미치는 영향에 대해서 실험하였다.

실험에 참가한 학생들은 4일 동안 연속적으로 글을 쓰는 데 동의하였다.

그들 대부분은 실험실에서 자신의 감정을 글로 털어놓았고 삶에서 가장 끔찍했던 경험과 사건에 대해 솔직히 적었다. 이 실험의 핵심은 '4일간의 표현적 글쓰기'를 마치고 난 몇 주 혹은 몇 달 후에 그들에게 무슨 일이 발생하는가를 알아보는 것이었다. 실험 결과 표현적 글쓰기로 자신의 감정을 글로 털어놓은 사람들은 단지 피상적인 주제에 대해 글을 쓰게 한 통제집단보다 43%나 적게 의사를 찾았다.

다나-파버 암 연구소(Dana-Farber Cancer Institute)와 보스턴에 있는 하버드 의대 등에서 연구한 결과로는 '4일간의 표현적 글쓰기'가 암 환자의 정신적·신체적 건강증진에 도움이 된다는 것이 밝혀졌다.

이 기법이 면역체계 기능을 나타내는 활성화된 T림프구 세포 수치가 증가되어 면역기능 강화에도 효과가 있었으며, 4일 동안 글을 쓰는 과정을 통해 자기 내면의 부정적인 정서뿐만이 아니라 긍정적인 정서까지 다루어 카타르시스 효과를 일으킬 수 있었다고 한다. 또한 자신을 괴롭히던 문제를 정서적 표현과 함께 글로 표현하여 스트레스와 부정적 정서에 대처할 수 있는 능력을 기를 수 있었다고 한다.

자전적 글쓰기의 의미

노년기가 된다는 것은 신체적, 사회적 상실만을 의미하는 것은 아니다. 전 생애 동안 경험한 가족, 일, 사회적 관계에 대한 전문성이 생기고 정서적 상태에 대한 이해와 통제에 대한 정서적 깊이가 생기는 성숙의 과정이기도 하다. 이러한 인생의 의미를 찾고 자신에 대한 통합적 이해를 위해 자전적 글쓰기가 자아통합에 중요한 도구(tool)가 된다(임미옥, 2019).

인생을 회고하는 과정으로써 자전적 글쓰기는 자신의 기억을 불러와서 이야기하고 서사화하는 과정을 통해 자신이 살아온 삶 그대로를 평가, 통합, 수용하도록 한다. 또한 글쓰기의 과정은 경험을 논하고 이해하는 강력한 도구가 되어, 자신이 누구이고 어떻게 느끼며 무엇을 하는가에 대해 예민하고 정확하게 생각하는 법을 알게 된다는 것을 의미한다. 이로써 자신과 자신의 삶에 대해 더 깊이 이해하게 되고, 이러한 자아 성찰과 자아 통찰은 과거와의 화해, 과거의 부정적인 감정의 해소, 자아 정체감 강화, 노화에 대한 수용, 자아 통합으로 이끌게 된다.

끝으로 자전적 글쓰기의 가장 중요한 가치는 가족을 위한 놀라운 유산이 될 수 있다는 점이다. 인생의 어느 순간에는 맞이하게 될 사별 이후에도 자녀들과 후손들에게 남겨져 의미 있는 선물이 될 수 있다.

이 시대 백세 철학자로 불리는 김형석 교수는 나이 40이 되면서부터 일기를 쓰기 시작했다고 한다. "나는 나 됨을 찾아 성장하고 새로워지며, 삶의 의미를 찾기 위해 일기 쓰기를 한 것이다. 일기를 쓰는 것이 새로운 출발을 위한 하나의 과제가 되었다. 지난 2년간의 일기를 읽고 오늘의 일기를 쓰면 좀 더 새로운 내일을 기대하게 된다. 일기는 나를 사랑하는 하나의 방법이다."(김형석, 2020)

매일매일 하루하루의 일상이 담긴 일기를 쓴다거나, 혹은 날마다 한 페이지 한 페이지씩 자신의 삶을 돌아보며 지나간 이야기를 적어간다는 것은 과거와 현재 그리고 미래의 나에 대한 사랑의 시작이라는 생각이 든다. 이 작은 사랑의 시작이 시니어 정서북인 '인생독백'을 통해 시작되기를 소망한다.

신학자이면서 상담가였던 안톤 보이슨은,

한 명, 한 명의 사람들은 모두,

각각 고유한 삶의 이야기와 역사를 지닌 '살아있는 인간 문서'라 말한 바 있다.

경험된 사실들이 그대로 기록된 실존적 의미는 물론,

삶의 여정 전체의 통합을 이루어가는

해석학적 의미 모두를 지닌 살아있는 인간 문서…

이 여정의 결과물로 얻어진 삶의 지혜는

삶의 역설과 모순에 대해 화해하고 타협하는 능력이며,

삶의 불확실성에 대한 통찰과 깨달음이며

현실에 대한 초월, 선입견과 분리되는 능력이다.

인생이란 정원에서 만들어간 지혜의 꽃다발을 안아본다.

한 장, 한 장
회상과 서술이 일으키는
기적 같은 치유.

67일 후
고통과 환희가 연합하여
눈부시게 아름다운 내 인생이
한 권의 자서전으로 완성된다.

❙ 정서 북 작성 가이드

대상
● 중년부터 노년까지 시니어 세대의 모든 분들
  (중년에 이 책을 시작했다면 노년까지 지속적으로 작성해 갑니다.)
● 유형별 접근 방법
  · 신중형-혼자만의 공간에서 조용히
  · 커플형-자녀, 배우자, 마음이 통하는 지인과 둘이
  · 그룹형-센터, 기관 등 원하는 집단원 모두와 함께

작성법
1. 따듯한 차와 잔잔한 음악을 준비합니다.
2. 하루 한 장씩, 혹은 한 주에 2-3장씩 충분히 생각할 수 있는 여유로운 시간을 선택하여
   책상에 앉습니다.
3. 제목을 읽고 회상에 깊이 잠겨봅니다.
4. 질문과 제시에 맞추어 천천히 빈칸을 솔직하게 채워갑니다.
5. 작성이 끝나면 책을 꼬옥 안고 추억할 수 있었음에 감사의 묵상을 합니다.
   (커플형과 그룹형은 작성한 내용을 가지고 서로 충분히 이야기를 나눕니다.)
6. 완성본을 소중히 보관하며 다음 시간을 기대합니다.

200% 활용하는 법
1. <부록-1>의 자아통합감 척도 검사지(사전용)를 활용하여 나의 자아통합감을 측정합니다.
2. 책 순서대로 진행합니다. (단, 바로 작성되지 않는 질문에 대해서는 충분한 시간을 가진 후 작성해보고
   다음 질문으로 넘어가 봅니다.)
3. 시간이 걸리더라도 끝까지 작성하도록 합니다.
4. 모든 작업이 끝나면 <부록-2> 자아통합감 척도검사지(사후용)을 활용하여 나의 자아통합감을 다시 한번
   측정한 뒤, 위 1번의 결과와 비교해봅니다.

자아통합감: 한 개인이 노년기로 접어들게 됨에 따라 습득하도록 사회로부터 요구되는 기술과 능력에 대한 성공적인 적응의 결과로 자신의 일생 경험에 잘못이 있다 하더라도 이를 후회 없이 수용하고 현재 생활에 만족하며 과거, 현재, 미래 간에 조화된 견해를 가지고 심리적 안녕(wellbeing)을 반영하는 일반적이고 포괄적인 개념.

| 목차

CHAPTER 1

오리지널(original) 나를 이야기하다

출생~학령기 / 0세~12세

CHAPTER 2

순수했던 학창 시절의 나를 이야기하다

청소년기 / 12~20세

CHAPTER 5

당당한 지혜자,
시니어인 나를 이야기하다

노년기 / 65세 이후

CHAPTER 6

그리고, 새로운 여행을 이야기하다

아름다운 마무리를 준비하는 시간

지식 플러스⁺ / 부록

서약서

인생 독백(My Life Narrative)을 시작하는 서약

1. 이 시간만큼은 어느 때보다 솔직하겠습니다.

2. 회상하며 떠오르는 모든 감정을 누리겠습니다.

3. 지나간 세월을 사랑하고
앞으로 맞이할 시간을 기대하겠습니다.

4. 서로 마주한 기억들과 의미들에 감사하겠습니다.

5. 이후로 나 자신을 오롯이 사랑하겠습니다.

년   월   일

작성자: (서명)

"그땐 제가 왜 그런 생각을 했는지 누가 알겠습니까마는
전 왠지 제 인생의 어떤 순간들을
적어 놓아야겠다고 생각했어요."

-도스토옙스키(가난한 사람들) 중에서-

_____ 의 자서전

부제: _____

부제는 기록을 마친 마지막 날 모든 의미를 담아 작성합니다.

이야기를 시작한 날: 년   월   일 부터

이야기를 마친 날: 년   월   일 까지

저자: _____

CHAPTER 1

오리지널(original) 나를 이야기하다

출생~학령기 / 0세~12세

나의 이야기

나의 이름에 얽힌 이야기

나의 이름: 한글

　　　　　한자

나의 이름을 지어 주신 분 : _____

나의 이름에 담긴 의미 : _____

_____

나의 이름으로 지어보는 삼행시

[　]　_____

[　]　_____

[　]　_____

나는 나의 이름이　[　] 마음에 든다.

　　　　　　　　[　] 마음에 들지 않는다.

달리 불리고 싶은 이름이 있다면? _____

나의 탄생에 얽힌 이야기

[   ] 살 때 사진

이 사진을 선택한 이유

_____

_____

_____

내가 가지고 있는 사진 중
가장 어린 시절 사진을
붙입니다.

내 생일 : [   ] 년 [   ] 월 [   ] 일(음력, 음력)

나의 태몽 이야기 :

_____

_____

내가 태어날 때 가족들의 반응:(전해 들은 이야기를 토대로...)

_____

_____

나의 아버지

아버지 관련 단어 찾기

아버지를 생각하면 떠올려지는 단어들을 찾아 동그라미 합니다.

활기 넘치는	민감한	조용한	순수한	유머러스한
낙천적인	포근한	재치 있는	대범한	친화력 있는
인정 많은	까다로운	천하무적의	민첩한	사려 깊은
자신감 있는	완벽한	열정적인	통제적인	부지런한
용감한	논리적인	성급한	소심한	믿을 수 있는
책임감 있는	여유로운	계획적인	즉흥적인	내성적인
이성적인	감성적인	배려심 깊은	지적인	소탈한
사랑스런	창의적인	겸손한	모범적인	정직한
폭력적인	엄격한	무책임한	무심한	차가운

나의 아버지를 한 문장으로 표현하기

나의 아버지는

_____ 분이셨습니다.

그러나(그럼에도 불구하고) _____ 면도

있는 분이셨다.

내가 아버지와 닮은 외모 또는 성격 적어보기

아버지와의 가장 따뜻했던 기억

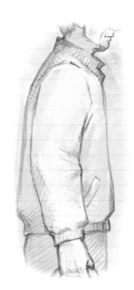

아버지와의 가장 가슴 아팠던 기억

아버지께 쓰는 편지

_____ 께

나의 어머니

어머니 관련 단어 찾기

어머니를 생각하면 떠올려지는 단어들을 찾아 동그라미 합니다.

활기 넘치는	민감한	조용한	순수한	유머러스한
낙천적인	포근한	재치 있는	대범한	친화력 있는
인정 많은	까다로운	천하무적의	민첩한	사려 깊은
자신감 있는	완벽한	열정적인	통제적인	부지런한
용감한	논리적인	성급한	소심한	믿을 수 있는
책임감 있는	여유로운	계획적인	즉흥적인	내성적인
이성적인	감성적인	배려심 깊은	지적인	소탈한
사랑스런	창의적인	겸손한	모범적인	정직한
폭력적인	변덕스러운	억척스러운	극성스러운	쌀쌀맞은

나의 어머니를 한 문장으로 표현하기

나의 어머니는

_____ 분이셨습니다.

그러나(그럼에도 불구하고) _____ 면도

있는 분이셨다.

내가 어머니와 닮은 외모 또는 성격 적어보기

어머니와의 가장 따뜻했던 기억

어머니와의 가장 가슴 아팠던 기억

어머니께 쓰는 편지

_____ 께

가족 지도

가계도 그려보기

나를 중심으로 가계도를 그려봅니다. (예시 참고)
각자의 가족 구성에 따라 더 그려 넣을 수 있습니다.

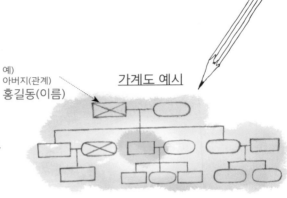

예)
아버지(관계)
홍길동(이름)

가계도 예시

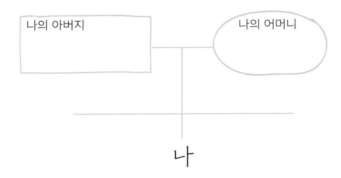

나의 아버지

나의 어머니

나

남자는 □, 여자는 ○ 로 표시하고 돌아가신 분은 X표합니다.

가계도를 그려본 나의 소감

가계도를 완성한 후 나의 생각 또는 느낌을 적어봅니다.

형제·자매

출생 순위

나의 출생순위는? _____남_____녀 중 _____번째

다시 태어난다면 _____번째로 태어나고 싶다.

이유는 _____

_____

형제 자매와의 추억

어릴 적 가장 기억에 남는 형제자매와의 추억

나와 가장 가까운 형제(자매)? 그리고 그 이유는?

나에게 가장 힘든 형제(자매)? 그리고 그 이유는?

나에게 형제(자매)의 의미는_____이다.

소꿉친구

어린 시절 친구들

떠오르는 친구들 이름

_____

그 중 나의 단짝 친구는_____이며,

그 이유는_____이다.

추억의 놀이

내가 가장 잘했던 놀이와 추억

잊을 수 없는 맛

어린 시절 추억의 음식들

다시 먹어보고 싶은 음식

접시 위에 가장 기억나는 음식을 그려봅니다.

위 음식을 생각하면 떠오르는 사람

위 음식을 생각하면 떠오르는 장면

시간을 내어 위 음식을 만들어보며 그 시절로 돌아가 보는 건 어떨까요….

어린 시절을 돌아보며

(출생~ 학령기:0세~12세)

제목:

먼저 편안하게 글을 씁니다. 글쓰기를 마친 뒤 제목을 생각해서 적어봅니다.

이 장(chapter)의 이야기를 적어가며 새롭게 떠오른 기억, 그때와 다른 감정의 변화, 자신에 대한 새로운 인식, 마음속 깊은 회한, 다양한 관계 등, 떠오르는 것을 그림이나 글로 자유롭게 표현해봅니다.

CHAPTER 2

순수했던 학창 시절의 나를 이야기하다

청소년기 / 12~20세

학창 시절

나의 교복

기억나는 학창시절을 떠올려보고 명찰에 학교, 학년, 반, 이름 등을 기억하여 적어봅니다.

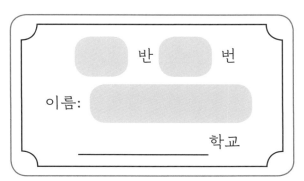

반   번

이름:

_____ 학교

교복에 얽힌 추억 (만약 교복을 입어보지 못했다면 그 사연을 적어봅니다.)

_____

_____

* * * 보고 싶다. 친구야! * * *

찾고 싶은 친구   나이   성별

외모 _____

만나게 되면 꼭 해보고 싶은 말이나 놀이

_____

_____

내 마음속 스타

학창 시절 나의 음악

내가 열광했던 가수(음악가):   노래(곡명):

_____   _____

내가 만약 전국노래자랑에 나간다면

_____ 노래를

부르고 싶다.

학창 시절 나의 영화

내가 열광했던 배우: _____

감명 깊게 본 영화: _____

내가 만약 배우가 된다면

_____ 영화 속

_____ 역할을 해보고 싶다.

시간을 내어 그 음악을 들어보거나 영화를 다시 보며 그 시절로 돌아가보는 건 어떨까요.

사춘기

그 시절 나의 고민

_____

_____

그 시절 나의 방황

나의 사춘기는 어떠했나요? 본인이 어떤 사춘기를 보냈는지 □에 표시하고 내용을 적어봅니다.

□   표현된 사춘기

사춘기 때 했던 방황(일탈)을
적어봅니다.

□   표현도 못 해본 사춘기

사춘기 때 방황(일탈)조차
못했다면 그 이유를 적어봅니다

내 마음을 공감해 준 대상

사춘기 때 나를 위로해 준 대상과 사연을 적어봅니다. 예) 어머니, 음악, 시, 종교, 운동 등

_____

_____

청소년기 내 귀에 들렸던 말들

듣기 좋았던 말 (듣고 싶었던 말)	듣기 싫었던 말 (상처로 남은 말)

나에게 미친 영향이 있다면....
그 말을 들었던 그 시절 나에게 지금의 내가 해주고 싶은 이야기를 적어봅니다.

학교생활

나의 공부

학창 시절 가장 좋아했던 과목

- 과목명
- 좋아했던 이유

학창 시절 가장 싫어했던 과목

- 과목명
- 싫어했던 이유

나의 은사님

가장 기억에 남는 선생님 :   별명 :

담당 과목 :

선생님과의 특별한 추억 :

선생님께 드리는 감사편지

존경하는 _____ 선생님께.

_____년 ___월 ___일   제자, _____ 올림.

나의 특기

나의 자랑

학창 시절 내가 잘했던 일들을 표시합니다.

- 운동
- 공부
- 놀이
- 싸움
- 봉사
- 연기
- 글쓰기
- 그림
- 노래
- 춤
- 부모님 일손 돕기
- 동생 돌보기
- 웅변
- 요리
- 악기 연주
- 발표
- 말
- 다른 사람 웃기기
- 먹기
- 청소
- 흉내 내기
- 기타 _____

기념 할 만한 일들

예) 수상 경력, 대회 참가, 장기자랑, 계주 출전, 오락부장, 주번 등

_____

_____

나의 특기에 대하여

나는 _____ 을 잘하고 싶었지만

그렇지 못했습니다.

그렇지만 _____ 을 잘한 내가

무척 자랑스럽습니다.

학창 시절을 돌아보며

제목:

먼저 편안하게 글을 씁니다. 글쓰기를 마친 뒤 제목을 생각해서 적어봅니다.

이 장(chapter)의 이야기를 적어가며 새롭게 떠오른 기억, 그때와 다른 감정의 변화, 자신에 대한 새로운 인식, 마음속 깊은 회한, 다양한 관계 등, 떠오르는 것을 그림이나 글로 자유롭게 표현해봅니다.

CHAPTER 3

반짝였던 찰나,
젊은 시절의 나를 이야기하다

성인전기 / 20세~40세

첫 마음, 첫 느낌

'첫사랑' 하면 떠오르는 단어

첫사랑을 생각하며
떠오르는 느낌, 감정을
꽃 안에 적어봅니다.

나에게 첫사랑은

_____ 이다.

첫사랑을 다시 만난다면

_____

_____

이유 있는 방황

20~30대 나의 고민과 방황

20~30대 나는,

나의 존재가 _____ 처럼 느껴졌다.

막연한 고민과 방황의 답을 찾기 위해

_____ 를(을)

시도해 보았다.

만약 다시 20~30대로 돌아간다면,

나는 반드시

_____ 를(을)

할 것이다.

나는 지금,

그 시절 나의 고민과 방랑을 절대 후회하지 않는다.

젊음의 열매

나의 꿈 나무

젊은 시절 나의 꿈을 적어 봅니다.

최악의 시련, 최선의 극복

내가 겪은 시련과 극복의 경험

_____

_____

20~30대 나는,

나의 존재가 _____ 처럼 느껴졌다.

그러했던 나에게 해주고 싶은 말

_____

_____

55

결혼식

결혼식 그날

결혼사진 붙이는 곳

축
결혼

신랑: _____

_____의

_____ 남

신부: _____

_____의

_____ 녀

나의 결혼식 날짜:　　　　년　　월　　일

꿈으로 바라보았던 결혼, 현실이 된 결혼

나는 _____한 결혼생활을 꿈꾸었지만,

결혼의 현실은 _____했다.

결혼 전의 나는 _____ 했으나,

결혼 후의 나는 _____ 하게 되었다.

나의 반려자

배우자에게 미안한 것

_____

_____

배우자에게 고마운 것

_____

_____

사랑하는 나의 _____

양가(兩家) 비교

나의 가족(원가족)

유사한 점	다른 점

이 유사한 점으로 인해 _____ 이 (좋았다. / 힘들었다.)

이 다른 점으로 인해 _____ 이 (좋았다. / 힘들었다.)

배우자 가족(원가족)

유사한 점	다른 점

이 유사한 점으로 인해 _____ 이 (좋았다. / 힘들었다.)

이 다른 점으로 인해 _____ 이 (좋았다. / 힘들었다.)

나의 자녀

나의 자녀는

_____ 남 _____ 녀

자녀 이름(순서대로)

_____

_____

_____

_____

자녀들과 함께 찍은
사진 붙이는 곳

첫 아이가 태어나던 날

처음 세상에 나온 나의 첫아이를 바라볼 때 어떤 마음이었는지 적어봅니다.

_____

_____

지나야 알게 되는 것

만약 내가 다시 자녀를 키울 수 있다면,

나는 _____

_____ 하지는 않을 것이다.

나는 _____

_____ 엄마(아빠)이고 싶다.

특별한 경험

출산 경험 女

분만 방법:

분만 장소:

진통 시간:

함께 한 사람:

출산의 기억:

군대 생활 男

입대 나이:

부대명:

군번:

보직:

기억에 남는 군대 생활:

내게 출산의 의미

나에게 군대의 의미

젊은 시절을 돌아보며

(성인전기:20~40세)

제목:

먼저 편안하게 글을 씁니다. 글쓰기를 마친 뒤 제목을 생각해서 적어봅니다.

이 장(chapter)의 이야기를 적어가며 새롭게 떠오른 기억, 그때와 다른 감정의 변화, 자신에 대한 새로운 인식, 마음속 깊은 회한, 다양한 관계 등, 떠오르는 것을 그림이나 글로 자유롭게 표현해봅니다.

61

CHAPTER 4

용기가 필요했던
중년의 나를 이야기하다

중년기 / 40~65세

중년에서 돌아본 내 인생 3대 뉴스

①

내 인생에 주는 의미

②

내 인생에 주는 의미

③

내 인생에 주는 의미

중년에 떠난 여행

기억에 남는 여행 사진
붙이는 곳

언제:_____

어디로:_____

함께 한 사람들:_____

사진에 담긴 이야기:

사랑이라는 선물

나에게 사랑과 지지를 보내준 이들

삶의 여정 가운데 내게 사랑과 지지를 보내준 이들의 이름을 적어봅니다.

그중 가장 나를 사랑해 준 사람:

그 분이 오늘의 나에게 쓰는 편지

나를 가장 사랑해 준 그 사람이 나에게 편지를 쓴다면 어떤 말을 해줄지 떠올리며 적어봅니다.

사랑하는 나의 _____ 에게

_____ 로 부터

갈등과 원망을 넘어서며

용서 베풀기

내가 용서해야 할 사람과 사연을 적어봅니다.

용서한다면 " 000 당신을 용서합니다."라고 소리 내어 말해봅니다.

> 당신을 용서합니다.

용서 청하기

내가 용서받기 원하는 사람과 사연을 적어봅니다.

용서받기 원하는 마음을 담아 " 000 , 용서해 주세요.."라고 소리 내어 말해봅니다.

> 저를 용서해 주세요.

관점의 터닝포인트

중년이라는 터닝포인트를 지나며 관계를 바라보는 관점(의미)의 변화를 적습니다.

	중년 이전	중년 이후
부모님		
배우자		
자녀		
형제 자매		
친구		
나 자신		

다시 만난 사춘기, 갱년기

갱년기와 만난 나의 신체

· 이전과 달라진 나의 신체(또는 건강) 변화

· 달라진 나의 몸을 위한 나의 노력과 극복 이야기

갱년기와 만난 나의 마음

· 이전과 달라진 나의 마음 변화

· 달라진 나의 마음을 위한 나의 노력과 극복 이야기

포기와 실패라는 선물

아쉬운 포기

· 어쩔 수 없이 포기했던 일들

· 포기했던 나에게 해주고 싶은 위로

아픈 실패

· 실패했던 일들

· 실패해서 잃었던 것들

· 그 실패가 나에게 주었던 깨달음

위기를 넘으며

중년의 삶을 힘겹게 했던 일들 또는 가장 힘들었던 선택(결정)

가장 큰 위기와 대처 방법

위기:

대처 방법:

위기를 지나며 다져진 성품

위기 속 힘겨움을 지나며 다져진 성품을 골라 동그라미 합니다.

활기 넘치는	민감한	조용한	순수한	유머러스한
낙천적인	포근한	재치 있는	대범한	친화력 있는
인정 많은	까다로운	천하무적의	민첩한	사려 깊은
자신감 있는	완벽한	열정적인	통제적인	부지런한
용감한	논리적인	성급한	소심한	믿을 수 있는
책임감 있는	여유로운	계획적인	즉흥적인	내성적인
이성적인	감성적인	배려심 깊은	지적인	소탈한
사랑스러운	창의적인	겸손한	모범적인	정직한

불현듯 닥쳐온 위기였으나, 그 위기를 통해 나는 _____

_____ 한 사람이 되었다.

이 위기를 통해 _____ 하게 된 내가 자랑스럽다.

자녀의 결혼

자녀의 결혼 후 좋았던 점

자녀의 결혼 후 힘들었던 점

자녀의 결혼 때 아쉬웠던 기억

나의 역할에 충실하기

나를 부르는 이름들

지금까지 불려온 나의 호칭(엄마, 아빠, 부장님, 선생님, 누나, 형, 딸, 아들 등)을 적어봅니다.

위의 역할 중 가장 최선을 다한 역할

그 역할들이 나에게 주는 의미

이만하면 괜찮은 나

즐겁고 화려했던 기억(내가 왕년에⋯.)

성공 깃발

지금까지 살아오면서 성공했던 크고 작은 일들을 적어봅니다.

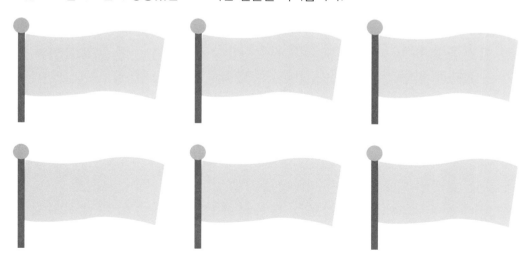

세월은 바람같이 – 인생 순례

나의 유년시절

나의 유년시절을 색으로 표현하면 (   ) 색입니다.

만약 동물로 표현한다면 (   ) 같습니다.

그 시절 힘겨움을 1-10까지 숫자로 표현한다면 (   ) 만큼 행복하고
(   ) 만큼 힘들었지만 나는 그 시절의 나를 사랑합니다.

나의 청소년(학창) 시절

나의 청소년(학창) 시절을 색으로 표현하면 (   ) 색입니다.

만약 동물로 표현한다면 (   ) 같습니다.

그 시절 힘겨움을 1-10까지 숫자로 표현한다면 (   ) 만큼 행복하고
(   ) 만큼 힘들었지만 나는 그 시절의 나를 사랑합니다.

나의 청년시절

나의 청년시절을 색으로 표현하면 (   ) 색입니다.

만약 동물로 표현한다면 (   ) 같습니다.

그 시절 힘겨움을 1-10까지 숫자로 표현한다면 (   ) 만큼 행복하고
(   ) 만큼 힘들었지만 나는 그 시절의 나를 사랑합니다.

나의 중년시절

나의 중년시절을 색으로 표현하면 (   ) 색입니다.

만약 동물로 표현한다면 (   ) 같습니다.

그 시절 힘겨움을 1-10까지 숫자로 표현한다면 (   ) 만큼 행복하고
(   ) 만큼 힘들었지만 나는 그 시절의 나를 사랑합니다.

중년의 때를 돌아보며

(중년기 / 40~65세)

제목:

먼저 편안하게 글을 씁니다. 글쓰기를 마친 뒤 제목을 생각해서 적어봅니다.

이 장(chapter)의 이야기를 적어가며 새롭게 떠오른 기억, 그때와 다른 감정의 변화, 자신에 대한 새로운 인식, 마음속 깊은 회한, 다양한 관계 등, 떠오르는 것을 그림이나 글로 자유롭게 표현해봅니다.

CHAPTER 5

당당한 지혜자,
시니어인 나를 이야기하다

노년기 / 65세 이후

지금의 나

숫자로 말해요

나이:　　　　　　혈액형:

키:　　　　　　　몸무게:

상의 사이즈:　　　　하의 사이즈:

신발 사이즈:

나의 영혼의 삶

종교:

나의 訓(생활신조):

_____

_____

_____

나의 일상

기상 시간: _____

취침시간: _____

취미: _____

좋아하는 음식: _____

애창곡: _____

좋아하는 TV프로그램: _____

읽고 있는 책 제목: _____

오늘이라는 점이 이어진
인생 곡선

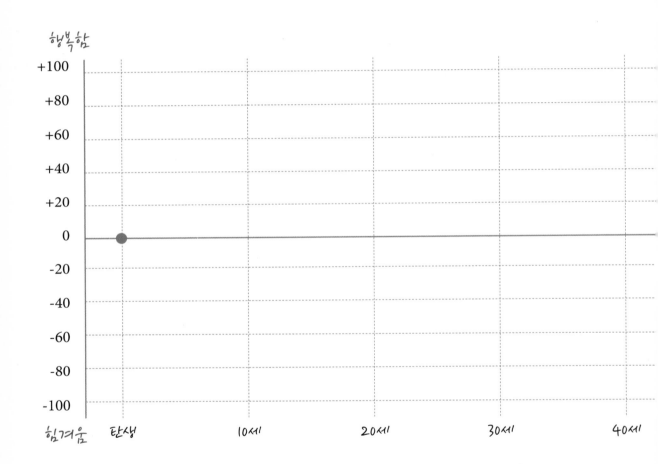

1. 연령대별로 특별하게 기억나는 일을 떠올려 봅니다.
2. 행복했던 기억은 수평선 위에(0~+100),
   힘겨웠던 기억은 수평선 아래(0~-100)
   점으로 표시하고, 간단히 사건을 기록합니다.
3. 다 끝나면 탄생부터 지금까지 각 점을 연결해봅니다.

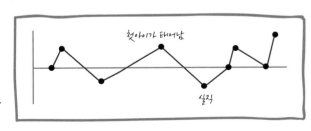

50세   60세   70세   80세   90세

인생 곡선을 그려본 소감

역사의 흐름 속에서

시대적 사건들과 그때의 나

사건 1
   제목:

그때 나의 나이: 약   세

기억 또는 느낌:

_____

_____

사건 2
   제목:

그때 나의 나이: 약   세

기억 또는 느낌:

_____

_____

사건 3
   제목:

그때 나의 나이: 약   세

기억 또는 느낌:

_____

_____

먼저 떠나간 사람들

먼저 떠나간 사람들과 그들에 대한 기억
떠나간 사람들의 이름을 적고 그들을 떠올리며 꽃을 색칠합니다.

나의 슬픔을 충분히 표현해 보기(분노, 우울, 절망, 울분, 무기력 등)

먼저 떠나보낸 이들이 가장 그리워지는 순간

먼저 떠나보낸 이들이 없는 환경에 익숙해진 나의 모습

먼저 떠나보낸 이에게 보내는 편지

_____ 께(에게)

갖고 싶었던 것

어린 시절 받고 싶었던 선물

꼭 갖고 싶었지만 갖지 못한 것

_____

_____

지금 갖고 싶은 것

_____

_____

_____

돈

가장 가난하던 때

내 인생에서 가장 가난했던 시절은 _____ 때입니다.

그때 나는 _____ 생각을 했습니다.

가난이 나에게 준 선물은 _____입니다.

가장 풍족하던 때

내 인생에서 가장 풍족했던 시절은 _____ 때입니다.

그때 나는 _____ 생각을 했습니다.

부가 나에게 준 선물은 _____입니다.

10억이 주어진다면

나는 그 돈을

_____

에 사용하고 싶습니다.

돈을 한 마디로 정의하면

나에게 돈이란_____이다.

나의 즐거움 더하기

나의 애창곡 감상

요즘 즐겨 부르는 노래의 제목과 가사를 찾아 적고 가장 마음에 와닿는 가사에 줄을 그어봅니다.

제목:

나는 이 노래를 듣거나 부를 때 _____

마음(생각, 느낌)이 듭니다.

해외

나의 발길 따라가고픈 여행지 Big3

가보고 싶은 해외여행지와 국내 여행지 3곳을
각각 찾아 표시합니다.

① _____
② _____
③ _____

국내

①
②
③

삶의 터전

힘겨웠던 이사

살면서 나는 몇 번이나 이사했을까요? 어린 시절부터 지금까지 이사했던 곳을 적어봅니다.

_____

_____

_____ 에 살던 시절 가장 힘들었고

_____ 에 살던 시절 참 행복했습니다.

앞으로 살고 싶은 곳

풍경, 집 혹은 개인적인 공간 등 앞으로 살고 싶은 곳을 그리거나 적어봅니다.

더불어

나와 함께 하는 사람들

내 주변에 나와 관련 있는 사람들을 모두 생각해서 적어봅니다.

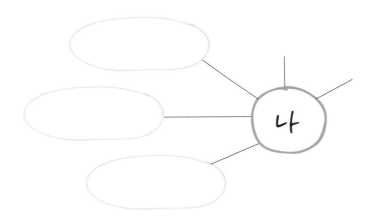

요즘 가장 자주 만나는 사람과 그이유

만나면 가장 기분 좋은 사람과 그이유

나의 도움을 필요로 하는 사람과 그이유

보고 싶은 사람과 그이유

씨실과 날실

내가 잘하는 일

1 _____
2 _____
3 _____
4 _____
5 _____

지금 내가 남을 위해 할 수 있는 일

1 _____
2 _____
3 _____
4 _____
5 _____

나이가 들어간다는 것

나이가 들어간다는 것을 느낄 때

나이가 든다는 것에 대한 나의 두려움

나이 들어보니 좋은 것

어른

본받고 싶다고 생각되는 어른의 모습

부끄럽다고 생각되는 어른의 모습

어른으로서
내가 부족하다고 생각이 들 때

어른으로서
내가 잘 살고 있다는 생각이 들 때

고마운 나의 몸

요즘 가장 염려되는 신체 부위

_____ 이(가) 신경 쓰인다.

왜냐하면 _____ 때문이다.

이를 위해 _____ 해야겠다.

나의 수고한 신체에 대한 감사

예) 눈아, <u>앞을 잘 봐서 나를 다치지 않게</u> 해주어 정말 고맙다.

머리야, _____ (해주어) 정말 고맙다.

눈아, _____ (해주어) 정말 고맙다.

코야, _____ (해주어) 정말 고맙다.

입아, _____ (해주어) 정말 고맙다.

장기들아, _____ (해주어) 정말 고맙다.

팔아, _____ (해주어) 정말 고맙다.

손아, _____ (해주어) 정말 고맙다.

다리야, _____ (해주어) 정말 고맙다.

발아, _____ (해주어) 정말 고맙다.

실제로 나의 몸을 부드럽게 쓰다듬으며 소리 내어 감사의 인사와 당부의 말을 전합니다.

감사 리스트

바로 떠오르는 것부터 아주 사소한 것까지 감사 제목을 적어봅니다.

감사는 최고의 항암제요 해독제요 방부제이다 - 존 헨리 -

인생의 유한성

다시 돌아갈 수 있다면

내가 만약 다시 돌아갈 수 있다면＿＿＿＿＿＿＿＿＿＿때로 돌아가고 싶다.

그때로 돌아가면

＿＿＿＿＿＿＿＿＿＿＿＿＿＿＿＿＿＿＿＿＿＿＿＿＿＿＿

＿＿＿＿＿＿＿＿＿＿＿＿＿＿＿＿＿＿＿＿을(를) 하고 싶다.

지금부터 1년밖에 살 수 없다면

＿＿＿＿＿＿＿＿＿＿＿＿＿＿＿＿＿＿＿＿＿＿＿＿＿＿＿

＿＿＿＿＿＿＿＿＿＿＿＿＿＿＿＿＿＿＿＿을(를) 하고 싶다.

앞으로 30년이 주어진다면

＿＿＿＿＿＿＿＿＿＿＿＿＿＿＿＿＿＿＿＿＿＿＿＿＿＿＿

＿＿＿＿＿＿＿＿＿＿＿＿＿＿＿＿＿＿＿＿을(를) 하고 싶다.

버킷리스트 10

만약 삶이 얼마 남지 않았다면 꼭 하고 싶은 일 10가지를 적어봅니다.

1.

2.

3.

4.

5.

6.

7.

8.

9.

10.

세월이 나에게 준 선물

세월을 통해 배우게 된 단어들을 찾아 동그라미 합니다.

자상함   독립심   활달함   친절함   인내심   지혜로움

따뜻함   섬세함   온화함   책임감   성실함   배려심   양보

개성   표현력   사랑   생활력   재치   쾌활함   기다림

유머감각   지식   긍휼함   온유함   절제   평안함   포기

대범함   여유로움   포용력   철저함   진취적인   내려놓음

신중함   감사하는 마음   용기   추진력   자비로움   신뢰감

빈칸을 채워보세요. 위에서 고른 단어에 얽매이지 않고 자유롭게 적어도 좋습니다.

나는 _____ 면이 조금 부족하지만

_____ 면이 있는 나를 사랑합니다.

나는 _____ 면이 조금 부족하지만

_____ 면이 있는 나를 사랑합니다.

나는 _____ 면이 조금 부족하지만

_____ 면이 있는 나를 사랑합니다.

내가 나에게 건네는
자성 예언

나는 나를 사랑하는 사람이다.

나는 남을 사랑할 줄 아는 사람이다.

나는 내 인생의 주인공이다.

나는 나 자신을 소중히 여긴다.

나는 내 잘못을 고치기에 주저하지 않는다.

나는 날마다 모든 면에서 점점 나아지고 있다.

나는 내가 할 일을 끝까지 열심히 한다.

나는 나 자신과의 약속을 반드시 지킨다.

나는 언제 어디서나 필요한 사람이다.

나는 모든 일에 최선을 다한다.

나는 무한한 가능성을 가지고 있다.

내가 만드는 자성 예언 한마디

윗글에 이어 나의 자성 예언을 적어봅니다.

노년의 때를 돌아보며

(노년기 / 65세 이후)

제목:

먼저 편안하게 글을 씁니다. 글쓰기를 마친 뒤 제목을 생각해서 적어봅니다.

이 장(chapter)의 이야기를 적어가며 새롭게 떠오른 기억, 그때와 다른 감정의 변화, 자신에 대한 새로운 인식, 마음 속 깊은 회한, 다양한 관계 등, 떠오르는 것을 그림이나 글로 자유롭게 표현해봅니다

CHAPTER 6

그리고, 새로운 여행을 이야기하다

아름다운 마무리를 준비하는 시간

자녀와 함께 한 삶

지난날 돌아보기

자녀와 함께 하며 가장 행복했던 순간

_____

자녀와 함께 하며 가장 힘들었던 순간

_____

다시 생각해보기

지금 자녀에게 고마운 것

_____

지금 자녀에게 섭섭한 것

_____

내가 섭섭한 것들을 자녀의 입장에서 이야기해보기

귀중한 가르침

자녀가 꼭 경험했으면 하는 일

_____

자녀가 절대 경험하지 않았으면 하는 일

_____

가장 중요한 가르침

일에 관하여 ▷

사람에 관하여 ▷

재물에 관하여 ▷

마음에 관하여 ▷

나의 사랑스러운
손자·손녀들에게

집안 가훈

그동안 지켜온 가훈을 적습니다.
만일 가훈이 없었다면 이 기회에 만들어 봅니다.

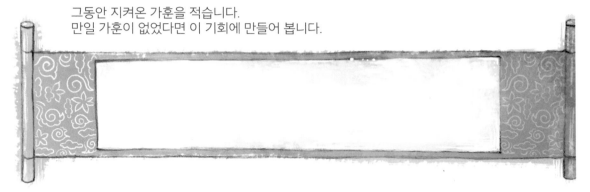

당부의 말

사랑하는 나의 _____ 에게

'죽음'에 관한 묵상

주어진 명언들을 읽으며 생각에 잠겨봅니다.

참된 인간의 삶은 죽음을 직시하고
자기 안의 선을 따라 사는 것.
끊임없이 나를 알아가는 과정이다.

　　　　　　　　　　－ 하이데거 －

이 세상에 죽음만큼 확실한 것은 없다.
그런데 사람들은 겨우살이 준비를 하면서도
죽음은 준비하지 않는다.

　　　　　　　　　　－ 톨스토이 －

초상집에 가는 것이
잔칫집에 가는 것보다 더 낫다.
살아있는 사람은 누구나 죽는다는 것을
명심하여야 한다.

　　　　　　－ 전도서 7 : 2 －

살아가는 법을 배우십시오.
그러면 죽는 법을 알게 됩니다.
죽는 법을 배우십시오.
그러면 살아가는 법을 알게 됩니다.

　　　　　　　－ 모리 슈워츠 －

죽음을 미리 생각하는 것은 자유에 대해 생각하는 것이다.
죽음을 배운 사람은 노예 상태에서 벗어난 사람이다.
생명을 상실한다는 것이 나쁜 것만은 아님을 깨달은 이에게
인생에 나쁜 것이란 없다.
죽는 법을 알면 모든 구속에서 벗어난다.

　　　　　　　　　　－ 몽테뉴 〈수상록〉 －

옆 페이지에서 죽음과 관련된 명언 중 가장 마음에 와닿는 명언

....

....

....

내가 본 가장 아름답지 못한 죽음

....

....

내가 본 가장 아름다운 죽음

....

....

내가 원하는 아름다운 죽음

꿈꾸는 장례식

내가 바라는 나의 장례식 모습을 상상하여 그림으로 그리거나 글로 적어봅니다.

나의 장례식에 꼭 초대하고 싶은 사람

_____

_____

미리 써보는 유언장

유 언 장

인생을 정리하며 나 스스로에게 하는 말

인생을 정리하며 신에게 드리는 기도

두고 가는 가족에게 하는 고백과 부탁

마지막으로 (누구에게 혹은 무엇에 관하여)하고 싶은 말

년   월   일

작성자: (서명)
생년월일:
주소:
전화번호:

비문(묘비명)

나의 묘비에 적고 싶은 글귀를 적어봅니다.

예) "우물쭈물하다가 내 이럴 줄 알았다. " (버나드 쇼)
　　"괜히 왔다 간다." (중광 스님)
　　"천국에서는 소리를 들을 수 있겠지!" (독일의 작곡가, 베토벤)
　　"고맙습니다. 사랑합니다" (김수환 추기경)

내가 쓰는 부고문

나를 3인칭으로 하여 내 자신의 부고문을 적어봅니다.

_____님 께서 _____년_____월_____일_____시_____분에

세상을 떠나셨습니다.

그의 운명 원인은_____이었습니다.

그의 가족은 _____이며

그는 _____ (직장, 학교, 교회 등)의 구성원이었습니다.

운명 당시_____에서 _____ 을 하고 있었습니다.

그를 아는 사람은 그를_____

_____ 라고 기억할 것입니다.

그는 한 평생 _____을 위해 애썼으며

_____가 가장 그의 죽음을 슬퍼할 것입니다.

그의 장례식에 참석하셔서 고인의 명복을 빌어주시기를 바랍니다.

감사합니다.

표창장

수여자: _____

위 사람은 _____ 년간

인생의 숱한 고단함을

_____ 를 위해 견디며

_____ 모습으로

수고하였으므로

이에 표창함.

년   월   일

아름다운 인생 학교 총장

다음 세계에서 나는

내 무덤 앞에서 울지 마세요.
나는 그곳에 없습니다.
잠들어 있지 않습니다.

천의 바람, 천의 바람이 되어
저 넓은 하늘을 지나고 있습니다.

가을에는 빛이 되어
밭에 내리 쬐고
겨울에는 다이아몬드처럼
반짝이는 눈이 됩니다.

아침에는 새가 되어
당신의 잠을 깨웁니다.

밤에는 별이 되어
당신을 지켜줍니다.

내 무덤 앞에서 울지 마세요.
나는 그곳에 없습니다.
죽지 않았으니까요.

천의 바람, 천의 바람이 되어
저 넓은 하늘을 지나가고 있습니다.
저 넓을 하늘을 지나가고 있습니다.

-천의 바람이 되어 (작자미상)

다음 세계가 있다면 나는 거기서
무엇을 하며 어떻게 살고 있을지 상상하며
모습을 그리거나 글로 적어봅니다.

118

삶 이후의 여행을 준비하며

제목:

먼저 편안하게 글을 씁니다. 글쓰기를 마친 뒤 제목을 생각해서 적어봅니다.

이 장(chapter)의 이야기를 적어가며 새롭게 떠오른 기억, 그때와 다른 감정의 변화, 자신에 대한 새로운 인식, 마음속 깊은 회한, 다양한 관계 등, 떠오르는 것을 그림이나 글로 자유롭게 표현해봅니다.

❙ 에릭슨의 사회심리발달 이론(Erikson's psychococial developmental theory)

　에릭슨은 태어나서 죽음에 이르기까지의 발달과정을 이론적으로 체계화한 학자로 그의 심리사회발달이론의 가장 큰 특징은 인간이 어떤 한 시기가 아닌 전 인생을 걸쳐 성장한다는 것과 환경적 영향에 전적으로 좌우되기보다는 스스로 삶을 주도하는 능력이 있다고 보는 데 있다(김진연, 2011).

에릭 에릭슨의 생애

　에릭슨은 1902년 프랑크푸르트에서 덴마크인 아버지와 유태인인 어머니 사이에서 태어났다. 태어난 지 얼마 되지 않아 아버지가 사망하고 어머니가 유태인 남자와 재혼하였으나 어머니가 이 사실을 숨겨 그는 여러 해 후에야 그 사실을 알았다. 유태인이었지만 덴마크인 외모를 가졌기에 유태인 친구들로부터 놀림을 당해 학교생활에 어려움을 겪었고 유럽 횡단 여행을 떠나 긴 방황의 시간을 보내기도 했으며 나치의 위협을 피해 1933년 미국으로 건너가 37세에 미국 시민으로 귀화하여 에릭슨으로 이름을 개명하는 등 실제로 자신이 심리적 정체감 형성에 있어 많은 혼란을 경험하여 이것이 연구의 기초가 된 것으로 알려졌다.

　에릭슨은 자신의 아버지에 대해 탐구하며 프로이트의 정신분석학에 매력을 느꼈고 프로이트의 딸 안나 프로이트를 만나 자기분석을 받고 지도를 받으며 정신분석에 대해 훈련 기회를 가졌다. 미국으로 귀화한 후, 하버드 의과대학 신경정신과 연구원을 거쳐 예일, 버클리 등 여러 대학에 초빙되어 지도 및 연구에 열중하였으며 1950년 '아동기와 사회'라는 책을 출판하면서 자아심리학의 대표로 인정받게 되었다. 자신의 심리사회적발달이론을 입증하듯 그는 은퇴 후 노년기에도 끊임없이 성장하다 1994년에 사망했다(2018, 김춘경 외).

프로이트와 에릭슨

프로이트의 성격발달이론이나 에릭슨의 사회성발달이론 모두 자아분석에 기초하여 자아의 성장과정을 설명하였고 출생 초기가 출생 후기의 기초를 형성하는 초기경험을 중요시한다는 점과 단계가 미리 예정되어 있고 단계를 거쳐 이루어진다는 점에서 공통적이다.

에릭슨은 프로이트로부터 정신분석의 영향을 많이 받아 신프로이트학파라고 불렸으나 그는 프로이트가 중점적으로 관심을 두었던 원초아(id)보다는 자아(ego)의 발달과 기능을 강조하였으며 환경과의 지속적인 상호작용을 통해 형성된다고 보았다. 둘 다 자아분석에 의해 수립된 이론임에도 프로이트는 개인의 인성발달에 치중되었다고 할 수 있으나 에릭슨은 사회관계 속에서의 개인자아를 분석하였기에 심리사회적 발달이론이라고 볼 수 있다.

프로이트가 아동의 성격발달에 부모의 영향을 강조했다면 에릭슨은 부모와의 관계뿐 아니라 가족, 친구 사회문화배경 등의 작용도 중요시한다는 점에 차이가 있다. 프로이트는 심리성적 5단계(구강기-항문기-남근기-잠복기-성기기)를 거쳐 완성된다고 본 반면 에릭슨은 8단계 이론을 제시, 전 생애를 거쳐 완성된다고 보며 특히 청년기의 자아정체감 형성기를 중요하게 강조하였다(김진규, 2004).

또한 심리성적 갈등의 양상과 해결책에 대해서도 차이를 보이는데 프로이트는 어린 시절의 트라우마가 성인기에 어떻게 정신병리적 증상을 일으키는가에 초점을 둔 반면 에릭슨은 생활에서 일어나는 정신사회적 위기를 극복해낼 수 있는 인간의 능력에 관심을 갖고 각 발달 단계에서 나타나는 덕성에 더 큰 의미를 두었다(2018, 김춘경 외).

사회심리발달 8단계

심리사회적 이론은 에릭 에릭슨(Erik Erikson: 1902~1994)이 제안한 발달이론으로 프로이트가 성격 발달과정에서 생물학적충동과 성적측면을 강조하였던 것과는 달리 인간의 능동적 탐색, 적응 및 사회·문화적 요인의 영향을 강조하였다. 그는 전생애를 통해 모두 8단계를 (심리사회적 단계)를 거쳐 발달하며 이때마다 심리사회적 갈등이 발생한다고 보고 각 시기에 발생하는 심리사회적 갈등을 성공적으로 해결하는 것이 건강한 적응과 다음 단계의 발달을 위해 중요한 조건이 된다고 보았다(양돈규, 2017).

인간의 성격 단계별 심리사회적 위기는 '신뢰 대 불신'처럼 긍정적 요소와 부정적 요소를 모두 포함하고 있는데 만족스럽게 해결되면 신뢰감(긍정적 요소)을, 그렇지 못하면 불신감(부정적 요소)을 얻게 되는 양극의 개념으로 설명된다. 다음 발달 단계의 적절한 적응과 발달을 위해 각 단계의 위기를 적절하게 해결해나가는 것이 중요하며 여기서 '적절한 해결'이라 함은 완벽하게 긍정적인 것을 의미하는 것이라기보다는 부정적인 면보다 긍정적인 면의 비율이 더 많으면 심리사회적 위기를 건강하게 해결했다고 본다.

Erikson's
Psychococial Developmental Theory

자아통합 대 절망	*trust vs. mistrust*	8
생산성 대 침체감	*generativity vs. stagnation*	7
친밀감 대 고립감	*intimacy vs. isolation*	6
자아정체감 대 역할혼동	*identity vs. role confuison*	5
근면성 대 열등감	*industry vs. inferiorit*	4
주도성 대 죄의식	initiative vs. guilt	3
자율성 대 수치심과 의심	*autonomy vs. shame & doubt*	2
신뢰감 대 불신감	*trust vs. mistrust*	1

(1) 신뢰감 대 불신감 (trust vs. mistrust): 0~1세 유아기

　　프로이트의 구강기에 해당하는 출생 후 1년 동안의 시기로 이 시기의 첫 과제는 신뢰와 불신의 위기를 다루는 것이다.

　　영아가 타인과 세상으로부터 '신뢰감'을 얻는 능력은 어머니의 양육의 질에 달려있다. 배고플 때 음식을 주고 불편할 때 불편을 해결해 주는 경험을 통해 신뢰를 형성한 아이는 자신에 대한 믿음과 통제력을 발달시키며 엄마와의 분리에도 불안이나 걱정을 보이지 않는다. 반면 부모의 행동을 예측할 수 없거나 필요시에도 도와주지 않을 것이라는 '불신감' 또한 이 시기에 발달되는데 건강한 성장발달은 역설적으로 적절한 수준의 불신 경험이 동반될 때 이루어진다고 보았다.

　　'신뢰와 불신의 갈등'이 성공적으로 해결되면 '희망'이라는 덕성을 얻게 된다.

(2) 자율성 대 수치심과 의심 (autonomy vs. shame & doubt): 1~3세 초기 아동기

　　프로이트의 항문기에 해당하는 1~3세 시기로 이 시기의 과제는 자율성과 수치심-의심의 위기를 다루는 것이다.

　　아이가 독립적으로 환경을 탐색하고 상호작용을 시작하는 시기로 혼자 입고, 혼자 먹는 행동을 하면서 외부 세계를 탐색하고 조작하려는 욕구가 강해진다. 이를 잘 존중해지고 자유롭게 조절하고 통제할 수 있도록 허용해 줄 때 '자율성'이 발달하며 반대로 자율성을 무시하고 스스로 할 수 있는 일을 대신해 주거나 반대로 스스로 할 수 없는 일을 하도록 기대할 때 '수치심'을 느끼고 외부 세계와 자신을 통제하는 능력에 대해 '의심'을 갖게 된다.

　　'자율성과 수치심 그리고 의심의 갈등'이 성공적으로 해결되면 '의지'라는 덕성을 얻게 된다.

(3) 주도성 대 죄의식 (initiative vs. guilt): 3~5세 학령전기

　　프로이트의 남근기에 해당하는 3~5세 시기로 이 시기의 과제는 주도성과 죄의식의 위기를 다루는 것이다.

　　이 시기의 아동들은 신체적, 정신적 능력이 성숙되어 매우 대범하고 경쟁적이며 호기심 많은 행동을 보이게 된다. 이런 호기심을 인식하고 금지하지 않을 때 계획을 세우고 목표를 달성하려는 '주도성'이 발달되며 스스로 일을 완수할 기회를 주지 않거나 특정 욕구를

과도하게 금할 때 '죄의식'으로 드러나게 된다.

'주도성과 죄의식의 갈등'이 성공적으로 해결되면 '목표 지향성'이라는 덕성을 얻게 된다.

(4) 근면성 대 열등감 (industry vs. inferiorit): 6~11세 학령기

프로이트의 잠복기에 해당하는 6~11세 시기로 이 시기의 과제는 근면성과 열등감의 위기를 다루는 것이다.

이 시기 아동은 처음으로 형식적 교육 통해 사회화에 필요한 인지적, 사회적 기술을 습득하게 되는데 이 시기에 성취한 결과에 대해 부모와 교사, 주변인으로부터 칭찬을 받고 인정을 받으면 '근면감'을 획득하게 되어 유능감을 느끼게 되지만 반면 결과에 대해 무관심이나 조롱 또는 꾸중을 받게 되면 '열등감'이나 '무능감'을 느끼게 되어 용기를 잃게 된다. 에릭슨은 이 시기를 자아성장에 결정적 시기로 보았다.

'근면성과 열등감의 갈등'이 성공적으로 해결되면 '능력'이라는 덕성을 얻게 된다.

(5) 자아정체감 대 역할혼동 (identity vs. role confuison): 12-18세 청소년기

프로이트의 성기기에 해당하는 12~18세 시기로 이 시기의 과제는 자아정체감과 역할혼동의 위기를 다루는 것이다.

아이도 어른도 아닌 상태로 성인에게 요구되는 여러 가지 사회적 요구와 역할변화를 경험하게 되는 시기로 다른 이들과 상호작용을 통해 '나는 누구이고 이 사회에서 나는 어떤 위치를 가지고 있는가?'를 확인하고 실제 모습이 현실적으로 일치됨을 알게 될 때 자아정체감(ego identity)이 형성되지만, 자아정체감형성에 실패하게 되면 정체감의 위기 또는 직업을 선택하지 못하는 등의 역할혼동을 경험하게 된다.

'자아정체감과 역할혼동의 갈등'이 성공적으로 해결되면 '성실성'이라는 덕성을 얻게 된다.

(6) 친밀감 대 고립감 (intimacy vs. isolation): 19~35세 성인기

프로이트는 청소년기 이후의 발달은 모두 성인기로 통칭된다. 공식적으로 성인이 되는 19~35세까지로 이 시기의 과제는 친밀감과 고립감의 위기를 다루는 것이다.

성인은 타인과 더불어 '성적 친밀감과 사회적 친밀감'을 형성해간다. 친밀감은 자신의 정체감을 누군가의 정체감과 나누는 것으로 에릭슨은 자기 자신 혹은 타인과 친밀하게 되려면 자아정체감이 확립되어 있어야 가능하며 친밀감 획득이 가능한 사람은 사랑하고 일하는 능력을 소유한 사람이라고 보았다. 그러나 자아정체감 발달이 미흡하여 타인과 자신의 정체감을 나누지 못하면 친밀감을 형성할 수 없게 되어 다른 사람과 관계를 피하고 거부, 공격하는 특성을 가지기 쉬워 결국 고립감에 빠지게 된다.

'자율성과 수치심 그리고 의심의 갈등'이 성공적으로 해결되면 '사랑'이라는 덕성을 얻게 된다.

(7) 생산성 대 침체감 (generativity vs. stagnation): 35~50세 중년기

인생의 중반에 해당하는 35~50세 시기로 이 시기의 과제는 생산성과 침체감의 위기를 다루는 것이다.

중년의 성숙기에는 가정적으로 자녀를 낳아 양육하고 사회적으로는 다음 세대를 양성하는 일에 대해 직간접적으로 요구받게 되며 직업적인 성취나 학문적, 예술적 업적을 통해서도 생산성이 발휘되기도 한다. 중년기에 이러한 생산성이 나타나지 않으면 '침체감'을 경험하고 자신의 삶이 잘못된 것이라고 인식하게 되어 '중년의 위기'를 겪게 된다.

'생산성과 침체감의 갈등'이 성공적으로 해결되면 '배려'라는 덕성을 얻게 된다.

(8) 자아통합 대 절망감 (ego integrity vs. despair): 55세 이상 노년기

에릭슨 생애 주기의 마지막 단계인 55세 이상부터 죽음에 이르기까지의 시기로 이 시기의 과제는 '자아통합과 절망감의 위기'를 다루는 것이다.

이 시기는 삶을 진지하게 돌아보고 검토, 평가하는 숙고의 시간으로 충족감과 만족감으로 자신의 삶을 되돌아보고, 인생의 성공과 실패에 잘 적응해 왔다면 '자아통합'을 하게 된다. 반대로 돌이킬 수 없는 실수에 대한 후회와 놓쳐버린 기회에 대한 분노로 괴로워하며 자신의 삶을 좌절감과 증오로 바라본다면 '절망감'을 경험하게 된다.

'자아통합과 절망감의 갈등'이 성공적으로 해결되면 '지혜'라는 덕성을 얻게 된다.

시기	심리사회적 위기	덕목	주요 사회적 관계
유아기 (0-1세)	신뢰감 vs. 불신감	희망	양육자(어머니)
초기아동기 (1-3세)	자율성 vs. 수치와 의심	의지	부모
학령전기 (3-5세)	주도성 vs. 죄의식	목표 지향성	가족
학령기 (6-11세)	근면성 vs. 열등감	능력	이웃과 학교
청소년기 (12-18세)	자아정체감 vs. 역할혼동	성실성	또래집단
성인기 (19-35세)	친밀감 vs. 고립감	사랑	친구, 연인 사회동료
중년기 (35-50세)	생산성 vs.침체감	배려	직장, 확대가족
노년기 (55세 이상)	자아통합 vs. 절망감	지혜	인류

"운명이 삶의 틀로써, 죽음이 삶의 마지막 경계로 받아들여지지 않는다.
절망은 다른 길을 택해 통합을 이루기에는 세월이 너무 짧다는 것을 의미한다.
이것이 바로 노인들이 그들의 추억을 치료받으려고 애쓰는 이유다."

-Erik Erikson-

노인(시니어)에 대한 개념

제2회 국제 노년 학회(1951)에서는 노인을 "인간의 노령화 과정에서 나타나는 생리적 · 심리적 · 환경적 변화 및 행동의 변화가 상호작용하는 복합 형태의 과정에 있는 사람"이라고 정의한 바 있다. 이 개념은 노인에 대한 최초의 공식적 규정이라고는 하지만 사회적 역할과 생물학적 쇠퇴에 초점이 맞춰져 있음을 알 수 있다.

이후 보다 포괄적인 노화 개념을 포함한 브린의 정의(Breen, 1960)는 노인을 생리적, 생물학적인 면에서 퇴화기에 있는 사람, 심리적인 면에서 정신 기능과 성격이 변화되고 있는 사람, 사회적인 면에서 지위와 역할이 상실된 사람으로 보았다. 또한, 의학 발달과 노인인구의 증가 및 건강 상태의 증진, 노인의 사회적 참여 확대에 따라 노인에 대한 개념은 점차 결손과 감퇴의 측면에서 긍정적이고 포괄적인 차원까지도 포함하는 개념으로 확장되고 있다.

65세부터 그 이후를 노인 집단으로 취급함으로써 노인의 개인적 사회적 특성이 무시되는 점을 감안하여 노이가르텐(B. Neugarten)은 노인 집단을 연령 기준으로 다음 세 단계로 분류하였다.

• 초령 노인(Young-old): 55~64세에 해당하는 사람들로 대부분은 직업을 가지고 있으며, 많은 사람이 직업적 성취나 사회적 승인 면에서 최고 수준에 이르러 있다.

• 중고령 노인(Middle-old): 65~74세에 해당하는 사람들로 대부분 직업이나 지위에서 물러나 퇴직한 상태지만, 아직은 대부분이 신체적으로 심각한 노화를 겪고 있지는 않다.

• 고령 노인(Old-old): 75~85세 이상의 사람들로 신체적 노화가 상당히 진전되어 병약하며 의존 상태에 있는 노인들이 대부분이다.

우리나라에서는 전통적으로 만 60세를 '회갑(回甲)'으로 기념하고 이때부터 어르신으로 대접해 왔으나, 현대에 들어와서 노인복지법에서는 65세 이상을, 연금법에서는 60세 이상을 각각 노인으로 정하고 있다. 그러나 역연령을 기준으로 한 일률적인 노인 규정은 개인차와 사회문화적 차이를 반영하고 있지 못하다는 문제점을 가지고 있다.

노화의 원인

노화의 원인은 아직 정확하게 밝혀져 있지 않으나, 현재까지 알려진 노화의 원인은 크게 환경적 요인과 유전적 요인 이 두 가지로 나눌 수 있다. 이 책에서는 노화에 영향을 미치는 심리적 요인에 대해 알아봄으로써 심리적 통합을 지연시키는 요인에 대해 살펴보고자 한다.

(1) 노화를 촉진시키는 부정적인 심리적 요인

좌절감, 실망감, 감정 표현 능력의 부족, 삶이 개선되지 않는다는 느낌, 혼자 사는 것, 외로움, 믿을 만한 친구가 없는 것, 규칙적인 일과 혹은 일거리가 없는 것, 직업에 대한 불만, 과중한 경제적인 부담, 채무, 지나친 근심, 과거에 대한 회한, 과민함, 분노하는 성격, 혹은 분노를 표현하지 못하는 성격, 비판적이거나 비관적인 성격 등이 있다.

(2) 노화를 지연시키는 긍정적인 심리적 요인

행복한 결혼생활, 직업에 대한 만족감, 개인적인 행복감, 원만한 성격, 만족스러운 성생활, 절친한 친구관계 유지 능력, 규칙적인 생활, 규칙적인 일, 삶을 만끽한다는 느낌, 즐거운 여가시간, 만족스러운 취미생활, 감정을 쉽게 표현할 수 있는 능력, 미래에 대한 낙관적인 태도, 경제적 안정감, 현실적 고통에 대한 낙관적 평가 등이 있다.

노년기에 발생하는 문제들

(1) 긴 여가시간

의료 기술의 눈부신 발전으로 인간의 수명이 크게 연장됨에 따라 은퇴 후의 여가시간과 여가활용의 문제가 사회적인 직업 역할에 대한 상실감과 함께 대두된다.

노인을 위한 적절한 여가시설의 부족과 여가 프로그램이 개발되지 않은 현재의 상황에서 우리 사회의 많은 노인들이 여가 문제로 고민을 하고 있다.

(2) 역할 상실

4차 산업시대를 맞이하는 지금, 새로운 기술의 발전에 따라가지 못하는 많은 노동력이 고용시장에서 배제되어 가고 있으며 특히 신체적, 정신적 기능이 약화되는 노인은 이러한 경쟁에서 더욱 뒤처질 수밖에 없는 상황이 되었다. 이러한 노년의 역할 상실은 자아에 대한 지지가 반을 상실하게 하여 부정적인 자아상을 형성하게 할 수 있다.

(3) 경제적인 어려움

노년기의 수입 감소는 노인을 경제적인 어려움에 빠뜨리고, 더 이상 자녀의 부양 책임을 기대하기 어려운 상황에서 의료비 증가 등으로 인해 노인은 물질적 어려움과 함께 자존감에 손상을 받는 등 심리적인 어려움을 함께 겪게 된다.

(4) 건강 문제

노화로 인한 만성적 질병과 기타 건강상의 어려움이 빈번하게 발생하여 의료비 부담이 크고 노인만의 분리세대가 증가함에 따라 자녀가 노인을 돌보는 일이 점점 어려워지고 있다. 또한 대부분의 중대형 의료 시설이 대도시에 편중되어 있어 농어촌 노인이 진료를 받는 것이 쉽지 않아 노인들의 건강 문제와 이를 보호하는 데 어려움이 증가하고 있다.

(5) 사회적 심리적 고립과 소외

시대가 급속하게 변화하고 교육수준이 높아지면서 노인의 지혜는 더 이상 존경받지 못하게 되었고, 급격한 핵가족화는 노인과 자녀 세대의 단절을 가져오게 하여 노인들의 사회적 심리적 고립과 소외라는 문제를 야기하고 있다.

노년기의 성격적 변화

(1) 노년기의 성격유형

일반적으로 성격은 아동기 중기에 안정되어 가고, 그 이후로는 거의 변화하지 않는 연속성과 일관성을 갖고 있다고 하였으나(Moss & Susman, 1980), 최근 많은 연구들이 사람의 성격이 노화에 따라 변화한다고 주장한다(Woodruff & Birren, 1983).

노이가르텐(B. Neugarten, 1979, 1994) 등은 40~90세의 정상인 700명을 7년간 연구한 결과를 토대로 노년기의 성격유형을 다음과 같이 구분하여 제시하였다.

통합된 성격유형

이 유형은 성숙하고 유연성이 있으며 새로운 자극에 개방적이며 자신의 삶에 만족하고 활발한 지적 기능을 유지하고 있다.

- 재구성형: 젊은 시절의 활동을 버리고 노년기에 맞는 새로운 활동을 선택하여 높은 수준의 활동을 유지하는 유형이다.
- 집중형: 만족할 만한 소수의 역할만 선택하며 선택된 영역에서는 적절한 활동을 유지하는 유형이다. 자원봉사, 정원관리 등 자신이 보람과 흥미를 갖는 한두 가지 역할을 통해 노년기 삶의 보람을 추구하는 형이다.
- 단절형: 젊은 시절에 비해 활동 수준을 줄이고 고립적이지만 자신의 삶에 만족하는 유형이다. 노년기 삶의 방식을 소극적이지만 평화스럽게 수용한다.

방어적 성격유형

이 유형은 야망이 있고 성취 지향적이다. 노화를 인정하지 않고 노년기의 불안에 강한 방어를 보인다.

- 지속형: 가능한 한 하던 일을 계속하고 중년기 삶의 양식을 지속시키려는 유형이다. 성공적으

로 중년기의 삶을 유지하면 노년기 삶의 만족도는 높지만 유지되지 못할 때는 생활 만족도에 손상이 온다.
- 위축형: 노화의 속도를 늦추기 위해 에너지 소모나 사회적 상호작용을 가능한 한 제한하려는 유형이다. 사람에 대한 관심도 점차 줄여감으로써 자신을 철저히 방어하려 한다. 이러한 긴장은 낮은 활동을 초래한다.

수동-의존적 성격
수동-의존적 성격은 자신의 욕구를 충족시키기 위해 타인에게 의존하는 유형이다.

- 원조 추구형: 자신이 의지하고 기댈 사람이 있어야 삶의 만족을 갖는 유형이다. 의지하거나 도움을 받을 사람이 있을 때는 적정 수준의 활동과 생활만족도를 유지하지만 불가능한 경우에는 문제가 발생할 수 있다.
- 냉담형: 수동적이며 성취지향성이 낮은 유형이다. 주변에서 일어나는 일이나 사람들에게 거의 관심을 보이지 않는다. 활동 수준이나 생활만족도가 낮은 편이다.

통합되지 못한 성격유형
이 성격유형은 노화에 잘 적응하지 못하며 심리적 기능에 커다란 결점이 있다. 사고의 고착과 퇴보가 있고 감정 조절 능력이 부족하다. 활동 수준과 생활만족도 모두 비교적 낮다.

- 조직 와해형: 판단 능력이 결핍되어 정서적 반응의 일관성이 부족해진 유형으로 불안 반응과 우울, 격한 감정을 보이는 경향이 있다.

(2) 노년기의 성격적 특성
나이가 들수록 투사, 공격성 등의 미성숙한 방어기제를 사용하는 빈도가 줄어드는 반면, 승화와 같은 성숙한 방어기제는 더욱 증가하는 경향이 있다(Jones, D.J.& Meredigh, 2000).

내향성 및 수동성의 증가

노화에 따라 관심과 주의를 외부의 사물이나 행동보다는 내면적인 자기 자신에게 돌리는 경향이 나타난다. 또 문제 해결에 있어서도 능동성이 줄어들고 다른 사람의 도움을 받아 수동적으로 해결하거나 맡겨버리는 경향이 늘어나게 된다.

경직성 및 조심성

경직성은 문제 해결에 있어서 도움이 되지 않는데도 자기에게 익숙해 있는 습관적인 태도나 방법을 고수하는 행동의 경향을 말한다. 이러한 경직성으로 인해 노인의 문제해결능력이 저해될 수도 있다. 또한 노년기에는 조심성이 늘어나는데, 이는 결정에 대한 자신감이 점점 줄어들기 때문에 확실성을 얻기 위해 조심성이 증가된다는 이론이 있다.

우울증

노인의 우울증은 노년기의 다양한 상실에서 오는 무기력감과 절망감을 그 특징으로 볼 수 있다. 노년기 우울증은 그 중요성이 제대로 인식되지 못하고 있으며 약물 남용, 알코올 중독, 자살 등의 사회적 문제를 유발하게 된다. 노년기 정신건강의 중요한 이슈이므로 노인 우울증에 관해서는 뒷부분에서 더 자세히 다루고자 한다.

의존성

노년기에는 자신의 신체, 경제, 정서적 기반이 약화되면서 의존성이 증가하는 경향이 있다. 노인의 의존적 경향은 병리적인 현상이 아니라 정상적인 노화의 현상이다. 노인의 의존성은 경제적, 정신적, 신체적 그리고 사회적 의존성으로 나눠질 수 있다.

과거의 회상

노년기에는 지나온 과거를 회상하고 마음의 안락과 만족을 느끼게 된다. 과거에 대한 회상은 오래 사용해 온 물건에 대한 애착심의 원인이 되기도 한다.

시간 전망

40세 이후부터 시간 전망의 변화가 나타나는데, 남아 있는 시간을 계산하고 시간이 얼마 남지 않았다는 사실을 회피하기 위해서 과거를 회상하는 것에 집중하거나 또는 미래지향적으로 된다(이미나 외, 2020).

나이 들어간다는 것은 절망의 이유가 아닌 희망의 근거이고
천천히 쇠락하는 것은 점진적으로 성숙하는 것이며,
견뎌낼 운명이 아니라 기꺼이 받아들일 기회를 갖는 것이다.

- 헨리 나우웬 & 원터 개프니 -

노인 우울

(1) 노인 우울의 원인

　　DSM-Ⅳ(American Psychiatric Association, 2000)은 우울증을 정서장애의 범주로 분류하는데, 이는 기분의 변화가 가장 대표적인 특징이기 때문이다. 정신분석 이론은 노인들의 우울증에는 몇 가지 기제가 작용한다고 본다. 그중 한 가지는 노년기에 일어나는 많은 상실 경험에 따라 개인의 자아 기능이 위협받는다는 것이다(Newton, Brauer, Gutmann, Grunes, 1986). 또한 기능 상실을 초래하는 심각한 신체적 질병 등도 우울장애의 발생률과 관계가 있다.

　　노인의 우울증에 대한 유병률은 상대적으로 낮게 측정되는데, 이는 노년기 우울증은 정상적인 노화과정의 일부라는 잘못된 인식의 영향으로 인해 발생한 것이라고 생각해 볼 수 있다. 우울장애와 기분장애를 나타내는 사람들은 자살의 위험이 높기 때문에 이들의 치료와 보호가 중요하다.

노인의 경우 자살을 하기 전에 가족이나 친구에게 자신의 자살 의사를 미리 표현하기 때문에 이에 대한 주의 깊은 관찰을 통해 불행을 사전에 막을 수 있을 것이다.

(2) 노인 우울의 증상

노년기 우울 증상은 젊은이의 우울증에 비해 수면장애 신체증상의 호소와 초조감을 보이는 경우가 더 많다. 또한 실제적인 기능저하와는 무관하게 주의 집중력과 기억력 등 인지 기능의 저하를 호소하는 경우가 많다. 노인 우울증의 증상들은 다음과 같다.

우울한 기분
우울하고 슬픈 기분을 느끼며 그러한 기분이 상황에 의해서 크게 영향을 받지 않는다. 많은 경우 아침에 기분이 더 저조한 것이 특징적이다.

흥미의 상실
이전에는 흥미를 느꼈던 활동이 더 이상 흥미롭지 않으며 인생에서 즐거운 일이 없는 것처럼 느껴진다. 가족이나 지인들과의 친밀한 관계를 피하고 이전에 즐거움을 주었던 활동들에 더 이상 관심을 갖지 않게 된다.

활력의 감소와 피로감
특별한 이유가 없는데도 불구하고 지속적인 피로감을 경험하며 사소한 일조차도 끝내기가 어렵다고 느껴지며, 의욕이 감소한다. 한편 활동의 감소와 정신운동 지체보다 초조감이 더 현저하게 나타나는 경우도 있다.

주의 집중력의 감소
집중이 필요한 과제에 주의를 집중하기가 어렵고 기억력의 감퇴를 호소하며 우유부단함을 보인다.

자존감과 자신감의 감소

자기 자신을 부정적으로 생각하며 주어진 과제를 잘 해낼 수 없을 것 같이 느끼게 된다.

죄책감과 무가치감

자신을 나쁜 사람 혹은 무가치한 사람이라 생각한다. 부정적인 결과에 대해 자신의 탓으로 돌리며 자책하게 된다.

미래에 대한 비관적 견해

현재의 우울한 상황이 앞으로도 변화하지 않을 것이라고 생각하며 장래 역시 즐거움과 희망이 없을 것으로 생각한다. 이로 인해 무력감과 절망감을 느낀다.

자해 자살사고 및 행동

 더 이상 아무런 희망이 없다고 느끼며 죽음만이 현재의 고통을 사라지게 할 수 있을 것으로 생각한다. 자해 혹은 자살을 생각하고 때로 자해나 자살을 시도하기도 한다.

수면장애

잠들기 어렵거나 깊이 잠들지 못하고 도중에 자주 깨거나 혹은 새벽에 일찍 깨서 더 이상 잠들지 못하는 등의 수면장애가 나타난다.

식욕의 감퇴

식욕이 없고 식사량이 줄어들며 종종 특별한 이유 없이 체중이 감소한다.

▌노년기의 상실과 애도

인간은 누구나 태어나서 나이 들어감을 경험하게 되는데 노화가 일어나는 마지막 시기를 발달단계에 따라 노년기라고 구분한다. 노년기는 신체적, 생리적 성장과 심리적, 사회적 변화 및 발달이 지연되는 과정이며, 인생 주기 진행표에 맞게 진행되는 인생 시간표이다.

노년기라는 발달단계의 특성상 이 시기에는 다수의 '상실'을 경험하게 되는데, 이때 '상실'이라 함은 한 개인이 가장 의미 있다고 생각하는 사람 혹은 지니고 있던 물건, 소유물이나 생각을 박탈당하는 것으로 정의할 수 있으며, 최근에는 반려동물의 죽음도 커다란 '상실'로 간주 되고 있다.

인간이 보편적으로 경험할 수 있는 상실은 주변에 존재하던 자신의 것들이 사라지는 '존재적 상실'과 상호작용 속에서 타인과 대상적으로 발생할 수 있는 '관계적 상실'이 있다. 존재적 상실은 배우자, 자녀의 상실, 노년기의 건강이나 소득의 상실 등이 해당되고 특정한 사건의 형태로 개인에게 경험될 수 있다. 또한 관계적 상실은 주로 조직적 구조 안에서 역할기능의 상실, 특정한 관계를 맺고 있던 사람과의 단절이 일어나는 것으로 볼 수 있다.

이러한 여러 상실의 영역에서 특히 노년기에 중대한 영향을 미치는 건강, 역할, 경제, 관계의 상실을 알아보고자 한다.

첫째, 건강의 상실을 경험하게 된다.
나이가 들어가면서 신체적 노화와 이에 따른 신체기능의 저하로 인해 만성 질환의 유병률이 증가하게 되고, 생리적 기능의 저하로 인한 건강의 상실은 노인의 삶의 질을 저하(低下)시키는 가장 큰 원인이 된다.

둘째, 역할의 상실을 경험하게 된다.
급속도로 변화한 산업사회에서 상대적으로 불리한 신체적 여건, 사회적 위치 등의 제한으로 자신이 속해있던 직장에서 정년이란 이름으로 은퇴를 하게 되면서 역할을 상실하게 된다. 직업 생활을 통해서 그동안 유지가 가능했던 심리 사회적 기능들을 한 번에 잃게 될 수 있으며, 나이 제한으로 인해 새로운 직업으로의 탐색도 어려워져 자연적으로 사회적 역할의 기회가 줄어들게 된다.

셋째, 경제적 상실을 경험하게 된다.
경제적 기반의 약화는 곧 삶의 기본적인 생활 전반에 걸쳐 수입원의 감소를 경험하게 한다. 자본주의 사회에서 수입원의 감소는 필연적으로 경제적 빈곤을 야기하며, 노인의 삶의 질과 삶에 대한 만족도를 저하(低下)시키게 된다.

넷째, 관계의 상실을 경험할 수 있다.
성인이 되고 가정을 각각 이루며 함께 지내던 자녀들이 독립하고 공간적, 거리적으로 자녀와의 유대 관계가 약화되는 경향이 있다. 또한 건강, 역할, 경제 등의 상실은 대인관계와 사회적 활동의 제한으로 이어져 사회적 관계의 상실을 가져오게 된다. 이러한 관계의 상실은 외로움이나 고독, 우울과 같은 정신적, 정서적 취약으로 이어진다.

하지만 이러한 노년기의 상실 경험이 반드시 개인의 삶에 부정적 영향을 주고 삶의 질을 저하시키지는 않는다. 다만, 필연적으로 겪게 되는 상실 경험이 유발하는 부정적인 정서를 제대로 대처하지 못하고 적절히 해소하지 못하는 경우에 노년기 우울과 불안 등 심각한 문제가 발생 할 수 있다는 점을 유념해야 한다. 또한 사랑하는 이의 죽음을 통해 겪게 되는 사별 경험은 천재지변과도 같은 충격적이고도 불가항력적인 상실의 영역이지만, 삶이 길어질수록 사별 경험은 점점 더 늘어나게 되는 것이 인간의 필연적 삶임을 인정하게 된다. 더구나 사랑하며 함께 지내던 배우자의 죽음, 친한 친구의 죽음, 혹은 눈에 넣어도 아프지 않던 자녀의 죽음과 같이 나이와 상관없이 찾아오는 죽음의 이별을 경험하기도 한다.

이러한 아픈 상실에 적응적으로 대처하기 위해서는 애도의 과정이 반드시 필요한 과정임을 인식하는 것이 중요하다. '애도'라고 부를 수 있는 이러한 떠나보냄의 과정은 감정을 억누르거나 기억하는 것을 금기(禁忌)시 하지 않고 건강하게 표현되고 다루어져야 한다. 죽음으로 인한 애도와 상실 경험은 상실이 일어난 직후에는 감정적 반응이 강렬할 수 있지만, 시간이 지나가

면서 그 대상이 더 이상 존재하지 않음으로 인해 발생하는 애도 감정들을 잘 다루어줄 때, 상실에 대한 부정적 고통이나 아픔이 건강하게 감소하도록 돕는다. 반면에 상실과 애도의 감정을 다루지 못해 과거에 대한 아픔을 있는 그대로 통합하지 못하는 경우에는 자신의 삶에 대한 후회와 좌절이 동반되며, 삶의 의미를 잃어버리는 무가치감을 경험하게 될 수 있다.

애도와 상실을 어떻게 받아들이느냐에 따라서 다가오는 인간의 노화를 노년기로 지명하며 부정적인 쇠퇴로 보는 것이 아니라 노화 그 자체가 긍정적인 발달과 성장을 이루게 할 수 있다는 긍정적 인식이 생긴다. 이런 의미에서 성공적 노화(successful aging)의 개념에 심리학자들은 주목하기 시작하였고 '성공적 노화'의 개념은 1986년 미국 노년 사회학회의 주제로 소개된 이래 노년학자들 사이에 주요 연구주제가 되어왔다. 성공적 노화는 노년기의 성공적인 적응이며 궁극적으로는 노년기의 심리적 안녕을 이룬다고 보았다. 인생을 돌아보며 자신이 이룩한 과업에 대한 감사, 실패와 상실을 후회하지 않고 받아들이는 수용, 피할 수 없는 죽음을 대하는 초연한 태도는 자아 통합을 이루는 데 있어 중요하다고 볼 수 있다. 죽음과 상실에 대해 바른 태도를 갖는 것이 노년기의 자아 통합을 이루는 데 도움이 되며, 이는 자신과 더불어 타인의 죽음에 대해 긍정적으로 수용할 수 있게 되는 밑바탕이 되어준다.

이에 애도의 과정을 살펴보면, 애도 과정의 초기에는 누구나 좌절감, 분노, 슬픔을 크게 느낀다. 시간이 지나며 사랑하는 사람이 떠났다는 것을 현실로 받아들이면서 우울, 절망감을 느끼는 단계이다. 인생의 의미를 잃어버린 느낌이 들고, 만사가 귀찮고, 우울, 불면, 식욕 저하 등을 경험하게 된다.

이러한 초기 단계를 지나 다음 단계에서는 자신의 생활을 회복하면서 자신을 추스르게 된다. 정서적 성숙의 수준, 고통스러운 정서를 견디는 능력, 자율적인 자존감 조절 능력, 상실한 대상에 대한 의존의 정도, 상실이 발생한 상황 등과 같은 내적 및 외적 요인들이 애도 과정을 수

행하는 능력에 영향을 준다.

　과거에는 점차 시간이 흐르면서 상실을 받아들이고 적응한다고 보았기 때문에 정상적인 애도 반응은 치료까지 필요로 하지는 않았다. 하지만 최근의 심리학계는 사랑하는 사람을 잃는다는 것은 인생의 큰 스트레스이며, 노년기의 애도나 상실이 해소되지 않으면 우울감, 불면, 피로, 안절부절, 죄책감, 식욕부진, 흥미 감소 등의 우울 증상이 만성으로 이어지는 경우가 있다는 점에서 반드시 다루어져야 할 과제라고 규정하며 잘 다루어지길 권면한다.

　볼비(Bowlby1982)는 대상과의 관계를 재정립하는데 초점을 맞추어 애도 과정을 4단계로 나눈다.

첫째, 무감각(numbing)의 단계는 죽음을 감정적으로 받아들이지 못하고 현실을 부인하고 인정하지 않는 단계이다. 죽음으로 인해 가까운 사람을 상실함으로써 감정적 마비 상태를 경험하게 되고, 슬픔이나 고통, 절망을 회피하고, 부정한다(Hui & Coleman, 2013)

둘째, 그리움(yearing)과 갈망하는(searching)단계에서는 고인에 대한 강한 그리움으로 고인을 찾게 된다. 타인을 고인으로 착각하거나 살아있다는 생각에 사로잡히다가 착각이라는 것을 인지하게 되면 분노의 감정이 일어나는데 이는 정상적인 애도의 반응으로 본다. 타인에 대한 부당한 원망과 분노를 표현할지라도 사별자가 회복하는데 도움이 되기 때문에 필요하고, 애착이 불안정했던 사별자의 경우에는 자기 비난, 자책, 죄책감의 감정으로 유도된다.(Winnicott,1953)

셋째, 혼란(disorganization)과 절망(despair)의 단계에서는 정서적 고통을 경험하면서 죽음을 인정하게 되고 변화된 삶에 적응할 필요성을 인식하기 시작한다. 이러한 혼란과 절망의 단계에서 정신적 혼란 상태로 빠져 있는 사별자에게는 역할의 재정의가 필요함을 강조했다.

넷째, 조직 재편성(reorganization)의 향상 또는 저하의 단계는 죽음을 인식하고 슬픔에서 벗어나 건강한 자아로 성장함을 말한다. 애도 과정을 성공적으로 수행한 사람은 일상에 새로운 의미를 부여하며 삶의 에너지를 느끼게 되고 다양한 분야에 창조적인 능력을 발휘하기도 한다. 애도의 과정을 통해 상실감의 고통을 줄이고 상실한 대상과의 관계를 재정립하고 현실에 적응한다. Bowlby(1980)는 애도 과정의 4단계가 명확하게 구분되기 어렵지만, 정상적으로 진행되지 못했을 때 병리적인 애도로 넘어갈 수 있음을 주의하였다.

애도에 관한 연구들은 애도 과정이 성공적일 때 자아는 강화되고, 애도 과정이 방해받을 때 자아는 정신 병리적 비탄에 빠지게 된다고 보았다. 애도 치료는 만성적인 슬픔이나 지연된 슬픔 등 정상적 애도 과정을 수행하지 못한 경우에 깊은 상담이 필요하다.

애도과업 진행과정

기본원칙과 진행과정	사별 슬픔치료를 위한 절차	유용한 기술
유족이 사별을 현실 상황으로 받아들이게 돕기	신체적인 질병을 배제하기	• 환기시키는 언어: 당신의 00은 돌아가셨습니다. • 상징물 사용하기: 고인 사진, 편지, 오디오, 비디오
유족이 감정을 자각하고 경험할 수 있도록 돕기 (분노, 죄책감, 불안과 무력감, 슬픔)	계약을 설정하고 동맹 관계를 만들기	글쓰기 작별의 글, 편지, 일기, 시
고인 없이 살아가기 돕기	고인에 대한 기억 되살리기 (긍정적 기억에서 부정적 기억까지)	그리기
사별의 의미를 깨닫게 돕기	네개의 애도 작업중에서 어느것이 완결되지 않았는지 확인하기	역할연기
유족 마음속의 고인을 정서적으로 재배치하도록 촉진하기	기억에 유발되는 감정 혹은 감정의 결핍 다루기	인지적 재구성
사별 애도할 시간 제공하기	연관시키는 물건들을 탐색해서 해제하기	회상록, 고인의 추억하는 책

어느정도 애도 기간에 과한 행동들도 정상적인 행동으로 해석해주기	상실의 종말을 받아들이기	심상의 유도, 빈 의자 기법
애도 감정의 개인의 차이를 인정하기	사별 애도를 끝내는 환상을 다루기	
방어기제와 대처방식 분석하기	환자에게 마지막 작별을 고하도록 도움주기	
병리 확인 의뢰하기		

(장희은,2014)

위 표는 애도 과업의 4단계를 완수하기 위한 절차와 유용한 기술로 애도 과정에 구체적으로 활용할 수 있는 방안들을 제시하고 있다. 환기시키는 언어, 상징물, 글쓰기, 그리기, 역할연기, 인지적 재구성, 회상록, 심상의 유도는 애도 단계에 따라 활용할 수 있는 능동적인 방안이 된다.

결론적으로 애도 과정은 사별자가 능동적으로 죽음을 인정하고 받아들인 후 애도 감정들을 표출하고 부재 환경에 적응하기 위한 적절한 방안을 탐색하며, 고인과의 관계를 재정립함으로써 자신의 삶에 건강하게 적응해 나가는 것이다. 이로써 고인과의 관계를 재정립하고 자신의 삶을 건강하게 적응해 나가는 것이다.

직접적인 애도 과정은 개인이나 집단 상담을 통한 공감적 및 비판단적 경청, 죽음에 대해 관련된 이야기를 편하게 말하게 하기, 문제해결, 애도 반응을 정상화하기 같은 대상 관계적 심리치료가 있다. 또한 미술치료, 모래놀이 치료, 음악치료, 드라마 치료 등 다양한 방법의 심리적인 접근도 가능하다. 이러한 애도 과정을 통해 상실로 인해 삶에서 얻어진 지혜를 적용하고 삶의 질을 높이는 관점을 개발하는 성숙에 이를 수 있다.

그러므로 노년기의 삶은 과거의 상실이나 불행한 사건들을 탐색하며 상실에 절망하기 보다는 그것을 어떻게 견뎌왔는지 성찰할 수 있는 스스로의 힘을 발견할 수 있는 시기이기도 하다. 따라서 '그때...거기'의 사건(애도,상실 등)을 통해 얻어진 인내와 장점들, 삶의 지혜들로 '지금...여기'를 새롭게 정리하고 숨겨진 지혜와 만날 수 있다.

<참고문헌>

김번영(2020). 이야기 치료의 원리와 실제. 서울: 학지사.

김춘경(2018). 성격심리학 이해. 서울: 학지사.

김형석(2020). 백세시대. 경기도 파주: 김영사

신명희·서은희·송수지·김은경·원영실·노원경·김정민·강소연·임호영 공저(2018). 발달심리학. 서울: 학지사.

신혜원(2019). 노인놀이치료. 서울: 공동체.

양돈규(2017). 심리학사전(2판). 서울: 박영사.

이미나·김희영·김동일·김재옥·김병남(2020). 웰빙과 웰다잉을 위한 노인돌봄과 노인상담. 서울: 공동체.

이호선(2019). 노인상담. 서울: 학지사.

정미경(2017). 행복한 노년의 삶을 위한 노인상담. 서울: 시그마프레스

Elizabeth C. Pomeroy, Renee Bradford Garcia. 강영신, 이동훈역, 애도상담의 실제(2019). 서울: 사회평론아카데미

Daniel L, Segal 외.홍주연 역(2019). 노인 정신건강과 노인상담. 서울: 학지사.

김진규(2004). Freud와 Erikson이론에 따른 성격형성에 관한 고찰. 장안대학교 장안논총. 199.

김진연(2011). 에릭슨의 심리사회적 발달단계를 적용한 회상요법 미술치료가 치매노인 삶의 질과 자아존중감에 미치는 효과. 경기대 미술디자인대학원 석사학위 논문.

오지희(2017). 노인의 상실감, 응집감, 우울이 자아통합감에 미치는 영향. 서울여자대학교 상담심리학과 석사학위 논문.

이정은(2014). 노인의 상실감이 심리사회적 적응에 미치는 영향. 청주대학교 사회복지학과 석사학위 논문.

임미옥(2019). 회고주제 문학치료 프로그램이 노년기 자아통합감 성취에 미치는 영향. 나사렛대학교 석사학위 논문.

장유정(2013). 경험의 서사화와 자전적 글쓰기 교육 연구. 전남대학교 대학원. 국어교육학 협동과정 박사학위 논문.

장희은(2014). 배우자 사별여성이 안심모형에 근거한 애도미술치료 경험연구대구대학교 재활심리학과 박사학위논문.

자아통합감

자아통합감의 정의

한 개인이 노년기로 접어들면서 사회로부터 요구되는 기술과 능력에 대한 성공적인 적응의 결과로써 자신의 일생을 후회 없이 수용하고 현재 생활에 만족하여 과거, 현재, 미래 간에 조화된 견해를 가지고 궁극적으로는 죽음에 대한 공포가 없는 심리적 안녕(wellbeing)상태를 말합니다.

노년의 자아통합감의 중요성

자아통합감을 달성한 사람은 성숙함을 보이며 과거의 생활 유형을 수용하고 평온해지며 자아실현을 기꺼이 계속하며 또한 죽음을 삶의 일부로 수용합니다. 이와 반대로 자아통합감을 획득하지 못한 절망감은 자신의 지나온 인생에 대한 불만이 쌓여 모든 것을 불운했다고 여기며 우울감이 커져 자신 또는 타인을 원망하면서 괴로운 노년기를 보내는 원인이 됩니다. 또한, 자아통합감을 획득하지 못한 경우, 죽음에 대해서도 더 큰 불안을 느끼게 됩니다.

사전 사후검사의 필요성

'자아통합검사'는
① 흘러가버린 과거 속에서 소중한 교훈을 얻고
② 인생의 마지막 단계인 미래를 후회 없이 알차게 보내기 위해
③ 자기 자신의 <현재>를 바로 알고 재정립하여, 지금 이 순간에 집중하시도록 돕는 데 의의가 있습니다. 사전 사후 검사를 통해 자신의 삶을 회상하며 돌아보는 과정이 통합감을 더욱 증진되는 계기가 되었음을 확인하여 보시기 바랍니다.
<측정 방법>
5점 Likert식 척도: (1점: 전혀 그렇지 않다~ 5점: 매우 그렇다)
역문항: 2, 4, 9, 11, 12, 13, 16, 17, 21, 22, 23, 25, 26, 27, 29, 30(문항 뒤에 *표)
(역문항 체점법: 1점->5점, 2점->4점, 3점->3점, 4점->2점, 5점->1점으로 바꾸어 계산)
<해석 방법>
점수가 높을수록 자아통합감이 높다고 해석합니다.

자아통합감 척도 검사지 (사전용)

다음을 읽고 평상시 본인에 대해 생각하는 것과 일치하는 곳에 동그라미 해주세요.

	내 용	전혀 그렇지 않다	그렇지 않다	보통 이다	그렇다	매우 그렇다
1	대체로 나는 지금의 나 자신에 만족한다.					
2	나는 이 세상에서 못다 한 일이 많아 한스럽다.*					
3	막상 늙고 보니 모든 것이 젊었을 때 생각했던 것보다 낫다.					
4	요즈음 나는 나 자신을 발전시키려는 노력을 포기했다.*					
5	인생은 의미 있고 살 가치가 있는 것이다.					
6	내가 늙었다고는 느끼나 그것이 나를 괴롭히지는 않는다.					
7	나는 죽은 사람을 보는 것이 두렵지 않다.					
8	나이 든 지금도 나는 여전히 가치 있는 삶을 살고 있다.					
9	나는 다른 사람과 친밀감을 느낄 수 없다.*					
10	노인의 지혜나 경험은 젊은이들에게 도움이 된다.					
11	나의 앞날은 암담하고 비참하게 느껴진다.*					
12	나는 죽는 것이 두렵고 원망스럽다.*					
13	지금이 내 인생에서 가장 지루한 때이다.*					
14	나는 지금 젊었을 때와 마찬가지로 행복하다.					
15	남을 위해 봉사하는 일이 나에게는 매우 보람을 준다.					

	내 용	전혀 그렇지 않다	그렇지 않다	보통 이다	그렇다	매우 그렇다
16	나는 나 자신이 지긋지긋하다.*					
17	늙는다는 것은 무기력하고 쓸모 없어지는 것이다.*					
18	지나온 평생을 돌이켜 볼 때 내 인생은 대체로 만족스러운 것이었다.					
19	나는 현재 살고 있는 곳이 마음에 든다.					
20	나는 일생 동안 최선을 다해왔다.					
21	나는 때때로 나 자신이 쓸모없는 사람이라는 생각이 든다.*					
22	내 인생이 이렇게 된 것은 운이 나빴기 때문이다.*					
23	나이가 들수록 모든 것이 점점 더 나빠진다.*					
24	인생을 다시 살 수 있는 기회가 주어진다 해도 살아 온 대로 살겠다.					
25	늙고 무기력해지느니 차라리 죽는 것이 낫겠다.*					
26	나는 대체로 인생에서 실패했다고 느낀다.*					
27	내세에 대한 문제가 몹시 나를 괴롭힌다.*					
28	나는 적어도 다른 사람만큼 가치 있는 사람이다.					
29	요즈음 나는 늙고 지쳤다고 느낀다.*					
30	나는 내 인생이 이렇게 된 데 대해 가슴 아프게 생각한다.*					
31	나는 일생 동안 운이 좋은 편이었고 그것에 감사한다.					

합계(사전검사):

자아통합감 척도 검사지 (사후용)

다음을 읽고 평상시 본인에 대해 생각하는 것과 일치하는 곳에 동그라미 해주세요.

	내 용	전혀 그렇지 않다	그렇지 않다	보통 이다	그렇다	매우 그렇다
1	대체로 나는 지금의 나 자신에 만족한다.					
2	나는 이 세상에서 못다 한 일이 많아 한스럽다.*					
3	막상 늙고 보니 모든 것이 젊었을 때 생각했던 것보다 낫다.					
4	요즈음 나는 나 자신을 발전시키려는 노력을 포기했다.*					
5	인생은 의미 있고 살 가치가 있는 것이다.					
6	내가 늙었다고는 느끼나 그것이 나를 괴롭히지는 않는다.					
7	나는 죽은 사람을 보는 것이 두렵지 않다.					
8	나이 든 지금도 나는 여전히 가치 있는 삶을 살고 있다.					
9	나는 다른 사람과 친밀감을 느낄 수 없다.*					
10	노인의 지혜나 경험은 젊은이들에게 도움이 된다.					
11	나의 앞날은 암담하고 비참하게 느껴진다.*					
12	나는 죽는 것이 두렵고 원망스럽다.*					
13	지금이 내 인생에서 가장 지루한 때이다.*					
14	나는 지금 젊었을 때와 마찬가지로 행복하다.					
15	남을 위해 봉사하는 일이 나에게는 매우 보람을 준다.					

	내 용	전혀 그렇지 않다	그렇지 않다	보통 이다	그렇다	매우 그렇다
16	나는 나 자신이 지긋지긋하다.*					
17	늙는다는 것은 무기력하고 쓸모 없어지는 것이다.*					
18	지나온 평생을 돌이켜 볼 때 내 인생은 대체로 만족스러운 것이었다.					
19	나는 현재 살고 있는 곳이 마음에 든다.					
20	나는 일생 동안 최선을 다해왔다.					
21	나는 때때로 나 자신이 쓸모없는 사람이라는 생각이 든다.*					
22	내 인생이 이렇게 된 것은 운이 나빴기 때문이다.*					
23	나이가 들수록 모든 것이 점점 더 나빠진다.*					
24	인생을 다시 살 수 있는 기회가 주어진다 해도 살아 온 대로 살겠다.					
25	늙고 무기력해지느니 차라리 죽는 것이 낫겠다.*					
26	나는 대체로 인생에서 실패했다고 느낀다.*					
27	내세에 대한 문제가 몹시 나를 괴롭힌다.*					
28	나는 적어도 다른 사람만큼 가치 있는 사람이다.					
29	요즈음 나는 늙고 지쳤다고 느낀다.*					
30	나는 내 인생이 이렇게 된 데 대해 가슴 아프게 생각한다.*					
31	나는 일생 동안 운이 좋은 편이었고 그것에 감사한다.					

합계(사후검사):

당하는 죽음이 아닌 맞이하는 죽음

현대 의학은 기대수명을 늘려주었고 삶의 질도 크게 향상시켜주었음에도 불구하고 누구도 죽음에 자유로울 수 없습니다. 모든 사람은 임종의 순간까지 인간으로서의 존엄성을 유지하고 편안하게 가족과 인사를 나누며 그들의 부담을 줄여주고 싶은 마음이 있으나 불행하게도 미리 죽음을 대비하지 못해 이러한 아름다운 이별을 할 수 없는 경우가 많습니다.

연명의료결정법이란?

연명의료결정법은 임종과정에 있는 환자의 연명의료에 대한 자기결정을 존중함으로써 환자의 최선의 이익을 보장하는 것을 목적으로 만들어졌습니다. 임종과정이라는 의학적 판단이 내려진 환자에 대하여 무의미한 연명의료를 시행하지 않거나 중단할지를 환자 스스로 결정할 수 있도록 하고, 환자의 뜻을 존중하여 그 결정 및 이행을 법적으로 보호하고 있습니다.

연명치료란?

연명치료란 임종과정에 있는 환자에게 하는 심폐소생술, 항암제 투여, 혈액투석, 인공호흡기 착용, 체외생명유지술, 수혈, 혈압상승제투여 등의 의학적 시술을 말하며 치료효과 없이 임종과정의 기간만을 연장하는 불필요한 의료를 의미합니다.

사전연명의료의향서란?

19세 이상의 사람이 향후 임종과정에 있는 환자가 되었을 때를 대비하여 연명의료 및 호스피스에 관한 의사를 본인이 직접 표시하는 공적인 문서를 '사전의료의향서(死前醫療意向書, Advance Medical Directives)'라고 합니다.

<작성 및 제출 방법>

사전연명의료의향서를 작성하기 위해서는 반드시 보건복지부의 지정을 받는 사전연명의료의향서 등록기관을 방문하여 충분한 설명을 듣고 본인이 자발적으로 직접 작성해야 합니다. 또한 등록기관을 통해 작성, 등록된 서류는 연명의료 정보처리시스템의 데이터베이스에 보관되어야 비로소 법적 효력을 인정받을 수 있으며 등록을 마친 후에도 변경, 철회가 가능합니다.

* 상세 안내 및 등록기관 검색 : https://www.lst.go.kr (국립연명의료관리기관 1855-0075)

사전연명의료의향서

※ 색상이 어두운 부분은 작성하지 않으며, [ ]에는 해당되는 곳에 √표시를 합니다.

등록번호		※ 등록번호는 등록기관에서 부여합니다.	
작성자	성 명		주민등록번호
	주 소		
	전화번호		
호스피스 이용	[ ] 이용 의향이 있음		[ ] 이용 의향이 없음
사전연명의료의향서 등록기관의 설명사항 확인	설명 사항	[ ] 연명의료의 시행방법 및 연명의료 중단 등 결정에 대한 사항	
		[ ] 호스피스의 선택 및 이용에 관한 사항	
		[ ] 사전연명의료의향서의 효력 및 효력 상실에 관한 사항	
		[ ] 사전연명의료의향서의 작성 · 등록 · 보관 및 통보에 관한 사항	
		[ ] 사전연명의료의향서의 변경 · 철회 및 그에 따른 조치에 관한 사항	
		[ ] 등록기관의 폐업 · 휴업 및 지정 취소에 따른 기록의 이관에 관한 사항	
	확인	위의 사항을 설명 받고 이해했음을 확인합니다. 　　　　년 월 일　　　성명　　　　　　　　(서명 또는 인)	
환자 사망 전 열람허용 여부	[ ] 열람 가능	[ ] 열람 거부	[ ] 그 밖의 의견
사전연명의료의향서 등록기관 및 상담자	기관 명칭	소재지	
	상담자 성명	전화번호	

본인은「호스피스 · 완화의료 및 임종과정에 있는 환자의 연명의료결정에 관한 법률」제12조 및 같은 법 시행규칙 제8조에 따라 위와 같은 내용을 직접 작성했으며, 임종과정에 있다는 의학적 판단을 받은 경우 연명의료를 시행하지 않거나 중단하는 것에 동의합니다.

작성일　　　　　　　　　　　　　　　　　　　년　　월　　일
작성자　　　　　　　　　　　　　　　　　　(서명 또는 인)

본 의향서는 예시입니다. 반드시 보건복지부의 지정을 받는 사전연명의료의향서 등록기관을 통하여 작성하셔야 법적으로 유효하게 됨을 알려드립니다.

내가 준비하는 장례

장례란 죽은 사람의 시신을 처리하는 과정과 절차를 칭하는 일련의 의례로 장례식은 장사를 지내는 의식을 말하며 우리 관습 의례 중 가장 엄숙하고 정중하게 치러지는 의식이라 할 수 있습니다. 장례 방식은 지역과 종교 그리고 국가마다 다르지만 죽은 사람을 애도하고 남겨진 가족들을 위로한다는 의미는 동일합니다.

고인이 사전에 장례에 대한 유언이 있었다면 그에 따라 진행하겠지만 그렇지 못한 경우 허례허식과 편의주의의 확산으로 장례의 참 의미는 퇴색되고 형식만 남겨진 장례식이 되고 있는 것이 현실입니다.

고인의 시신 처리, 장법의 종류 등 장례의 절차뿐 아니라 희망하는 종교 장례예식 등을 사전에 자신의 장례에 관해 뜻을 밝히는 것은 장례를 준비하는 남겨진 이들의 당황스러움을 감소시키고 장례를 둘러싼 갈등을 줄여, 고인만을 위한 장례식이 되도록 도울 수 있습니다.

사전장례의향서란?

자신이 미리 부고(訃告)범위, 장례 형식, 부의금, 조화(弔花)를 받을지 여부, 염습, 수의, 관 선택, 화장, 매장 등 장례 방식과 장소 등 당부 사항을 미리 적어놓는 것으로 법적인 구속력은 없지만 자신의 장례를 어떻게 치를지 미리 후손에게 알려주는 문서입니다.

사전장례의향서

나에게 사망 진단이 내려진 후 나를 위한 여러 장례의식과 절차가 내가 바라는 형식대로 치러
지기를 원해 나의 뜻을 알리고자 이 사전장례의향서를 작성하니 나의 뜻에 따라주기 바란다.

부고	(　　) 나의 죽음을 널리 알려주기 바란다. (　　) 나의 죽음을 알려야 할 사람에게만 알리기 바란다. (　　) 나의 죽음은 장례식을 치르고 난 후에 알려주기 바란다.
장례식	(　　) 전통문화를 계승하는 차원에서 해주기를 바란다. (　　) 가급적 간소하게 치르기 바란다 (　　) 가족과 친지들만 모여서 치르기를 바란다.
장례형식	(　　) 전통 유교식　(　　) 천주교식　(　　) 기독교식　(　　) 불교식　(　　) 기타
부의금과 조화	(　　) 관례에 따라 하기 바란다. (　　) 일절 받지 않기 바란다.
음식대접	(　　) 음식 등을 잘 대접해 주기 바란다. (　　) 간단히 다과를 정성스럽게 대접해 주기 바란다.
염습	(　　) 정해진 절차에 따라 해 주기 바란다. (　　) 하지 말기 바란다.
수의	(　　) 사회적인 위상에 맞는 전통수의를 입혀주기 바란다. (　　) 검소한 전통수의를 입혀주기 바란다. (　　) 평소에 즐겨 입던 옷으로 대신해 주기 바란다.
관	(　　) 사회적 위상에 맞는 관을 선택해 주기 바란다. (　　) 소박한 관을 선택해주기 바란다.
시신처리	(　　) 화장해주기 바란다. 　　1. 봉안장(　) 2. 자연장(　) 3. 해양장(　) 4. 기타 (　　) 매장해주기 바란다. 　　1. 공원묘지(　) 3. 선산(　) 3. 기타 (　　) 내가 약정한 의학적 연구 및 활용목적으로 기증하기 바란다.
삼우제와 사구재	(　　) 격식에 맞추어 모두 해 주기 바란다. (　　) 가족끼리 추모하기 바란다. (　　) 하지 말기 바란다.
기타	영정사진, 제단장식, 배경음악 등에 대한 나의 의견

　　　　　　　　　　　　　　　　　　　　　　　　　년　　　월　　　일
작성자 이름:　　　　　　　　　　　　　　　　　　　　　　(서명)

본 의향서는 법적인 효력을 갖고 있지는 않습니다. 작성 후 이 책에 장례 의사를 기록해 두었음을 자녀 및
주변 분들께 미리 알려두어 후일 참고하도록 합니다.

┃ 감수자

박은정

이화여자대학교 기독교학과 졸
동대학원 목회상담 전공 석박사
빛과 소금 상담전문기자(전)
온누리교회 상담실 팀장(전)
연세상담코칭센터 전문상담사(전)
웨스트민스터 신학대학원 평생교육원장(전)
웨스트민스터 신학대학원 상담심리학과장(현)
한국기독교상담학회 감독상담사(현)
한국정신분석심리상담학회 1급 전문상담사(현)
한국정신분석심리상담학회 놀이지학회 수퍼바이저(현)

┃ 저자

길소연

국민대학교 법정대 졸
웨스트민스터 신학대학원 상담심리학 석사
웨스트민스터 신학대학원 상담심리학 박사과정
한국시니어정신건강연구소 수석연구원(현)
성남위례종합사회복지관 상담실 실장(현)
한국목회상담학회 상담사(현)
노인통합교육지도사 1급, 웰다잉심리상담사 1급, 미술심리치료사 1급

송혜경

이화여자대학교 사범대 졸
웨스트민스터 신학대학원 상담심리학 석사
웨스트민스터신학대학원대학교 상담심리교육학 박사과정
한국시니어정신건강연구소 수석연구원(현)
웨스트민스터상담코칭센터 전문 상담사(현)
한국정신분석심리상담학회 상담사(현)
노인심리상담사 1급, 놀이심리상담사 1급, 미술심리치료사 1급

김희애

숙명여자대학교 문과대 졸
웨스트민스터 신학대학원 상담심리학 석사
한국시니어정신건강연구소 수석연구원(현)
성남위례종합사회복지관 전문 상담사(현)
한국목회상담학회 상담사(현)
노인심리상담사 1급, 미술심리치료사 1급, 놀이심리상담사 2급

이혜영

이화여자대학교 미술대 졸
웨스트민스터 신학대학원 상담심리학 석사
웨스트민스터 신학대학원 상담심리학 박사수료
한국시니어정신건강연구소 수석연구원(현)
성남위례종합사회복지관 상담실 팀장(현)
한국예술심리치료학회 상담사(현)
노인심리상담사 1급, 놀이심리상담사 1급, 미술심리치료사 1급

내 인생을 더욱 안녕하게 해줄 단 한 권의 시니어 정서북

인생독백

초판 1쇄 인쇄   2021년 6월 20일
초판 1쇄 발행   2021년 6월 25일

지은이   길소연, 김희애, 송혜경, 이혜영
발행처   도서출판 넥스웍
발행인   최근봉

표지디자인   디자인길
편집디자인   디자인길
삽화   김은지, shutterstock
주소   경기도 고양시 일산동구 장백로 20, 102동 905
전화   031)972-9207
팩스   031)972-9208
이메일   cntpchoi@naver.com
등록번호   제2014-000069호

ISBN: 979-11-88389-22-3